Mi viaje a Ítaca

Kintto Lucas

Tintají

Mi viaje a Ítaca
© Kintto Lucas 2023

Textos basados en el programa Me Voy A Volver... Con Kintto Lucas... que se transmitía por las radios Pichincha Universal, Casa de la Cultura Ecuatoriana y Frontera de Ecuador, y Radio La Zurda de Uruguay.

Diseño de portada: Ligia Man Ging

ISBN: 9798397570626

A San Cono...

*Cuando emprendas tu viaje a Ítaca
pide que el camino sea largo,
lleno de aventuras, lleno de experiencias.*
Konstantino Kavafis

❋❋❋
Las mil y una noches

Hace años, allá por 1975, en Uruguay se elegían los abanderados de la escuela de acuerdo al promedio de sus notas durante toda la primaria. Quien tenía el mejor promedio llevaba la bandera uruguaya, quien contaba con el segundo mejor promedio llevaba la bandera de Artigas y el tercero la de los Treinta y Tres Orientales. Se tenían en cuenta las notas en las diferentes materias y la conducta.

Yo tenía excelentes notas en toda la primaria, sabía que mi promedio era uno de los mejores, pero sabía también que no tenía buenas notas en conducta. A veces no aceptaba imposiciones de algunas maestras, a veces tenía que colocar en su sitio a alguno que me molestaba por tener un hermano guerrillero preso, a veces me enojaba cuando veía algún tipo de injusticia y respondía. Si había que pelear me peleaba. Era una época compleja.

Entonces, cuando ocurría alguna de esas situaciones iba "en penitencia" a la biblioteca. Una biblioteca cerrada, que casi no era visitada, con bastantes libros y muchos cuadernos del Ministerio de Educación y Cultura.

Se suponía que los maestros debían dar aquellos cuadernos a niños que no podían comprarlos. Pero nunca los entregaban. Tenían tapa y contratapa grises y muy feas, pero para quienes pasaban necesidades eran una solución.

Alguna que otra vez, cuando nos quedamos en penitencia con el "Gabylán" un amigo de la escuela y de mi barrio, nos llevamos los cuadernos y los repartimos por ahí. De alguna forma, hicimos nuestra pequeña justicia.

Yo, además, siempre que iba en penitencia me llevaba algún libro para mi casa: *Las mil y una noches*, *El viejo y el mar*, *El Principito*, una vieja antología de Kavafis que reunía Ítaca y otros poemas...

Unas maravillas que leía con gran emoción y entusiasmo en el altillo de mi casa, o en el Parque Rodó en la época de calor.

La vieja ni sabía que aquellos libros no eran prestados, y tenía tantos problemas que yo estaba seguro que nunca lo descubriría. Lo más importante era tener notas excelentes en todo, menos en conducta, pero eso lo asumía como parte de mi rebeldía y la de la familia. Nunca nadie reclamó por ningún libro.

Cuando estaba en sexto año y se acercaba la fecha de Jurar la Bandera y de nombrar a los abanderados o abanderadas, yo había dado por sentado que no me elegirían por la tacha en conducta. Me dolía un poco, pero ya me había hecho la idea de que así era la vida y no podía hacer nada. Sabía que algunas maestras me tenían ojeriza por ser de una familia vinculada a la guerrilla y no pensaba ser abanderado.

Unos días antes de la fecha señalada, la directora de la escuela me llamó a la dirección. Quedé blanco, y en el trayecto de mi salón de clase hasta su oficina iba pensando que seguramente me echarían de la escuela. Entonces fui imaginando qué le diría luego a mi vieja. Con tantos problemas, uno más. Iba casi llorando, solo casi porque había aprendido a no llorar para mostrarme siempre fuerte. Las palabras de la directora luego de saludarme fueron una sorpresa.

— Lucas, usted tiene las mejores notas de la escuela, pero tiene mala nota en conducta.

Lo que yo ya sabía, por lo tanto no era nada nuevo, pero intenté justificarme, aunque no encontraba todas las palabras que necesitaba. La sorpresa fue cuando me dijo: eso podemos entenderlo, pero no podemos justificar que usted haya robado libros de la biblioteca.

Quedé mudo, estaba seguro que nunca se habían dado cuenta y que a nadie le importaba esa biblioteca a la que íbamos castigados.

Primero pensé en negar, pero por lo visto tenía muy claro que yo me había llevado los libros, y si negaba tal vez me chantaran también los cuadernos, pero eso ella no lo había mencionado. Por suerte, parecía no estar enterada, o las maestras nunca le dijeron porque les reclamaría al no haberlos repartido, o se hizo la desentendida. Entonces le dije rápidamente: yo solo me los llevé prestados, los tengo todos juntos para devolverlos.

Ella sonrió con un aire de satisfacción y de complicidad. Entonces dijo: bueno, si usted los trae puede ser abanderado y yo puedo defenderlo en la reunión de maestras. Sonreí tímidamente.

Al otro día aparecí en la escuela con unos diez libros, no recuerdo muy bien cuántos eran. Ella miró uno por uno y al finalizar me dijo: falta uno.

Bajé la cabeza y me puse colorado, mientras la escuchaba decir: falta el de *Las mil y una noches*.

Me volvió a sorprender. Intenté hacerme el "vivo" y no devolver el ejemplar de uno de los libros que más quería. Seguía convencido de que no podían saber los libros que habían en una biblioteca a la cual no iba nadie, y mucho menos saber exactamente los que yo me había llevado.

Levanté la mirada, entre avergonzado por la situación y triste por tener que devolver un libro que me fascinaba, y le dije: se lo traigo mañana

Ella volvió a sonreír con la misma sonrisa del día anterior. Al día siguiente le llevé el libro.

En la reunión de profesores no comentó estos pormenores. Así, mostrando mis notas y resaltando mi interés por la lectura, insistió que debía ser el primer abanderado. Finalmente se impuso el criterio de algunas maestras que no me querían mucho, y preferían reconocer a una alumna, además de darme una lección. Entonces fui elegido segundo abanderado.

El día del desfile portando la bandera de Artigas me sentía levantando la bandera de los tupamaros. Caminé contento y orgulloso de ser uno de los tres abanderados, pero con cierta tristeza porque ni mi vieja ni mis hermanos, ni algún pariente pudieron estar ahí.

Terminado el acto, cuando ya íbamos saliendo con los compañeros, la directora volvió a llamarme: Lucas tengo que hablar con usted. Todos miraron y enseguida cuestionaron: ¿y ahora qué hicistes?

En la dirección, ella solo sonrió y me entregó un regalo: era un ejemplar de *Las mil y una noches*. Salí feliz.

Esa directora, años después fue despedida por la dictadura uruguaya, acusada de ser comunista. Ese libro me acompañó un buen trayecto en el camino del tiempo, hasta terminar, por descuido o temor, en una fogata, junto a otros libros que era necesario quemar porque habían sido prohibidos...

Tal vez en aquella biblioteca de mi escuela pública, me fui a volver por primera vez para iniciar mi viaje a Ítaca, un viaje de sueños...

❂❂❂
Atrapasueños

Para los indígenas andinos, el futuro espera atrás y el pasado se ve adelante. El tiempo es circular. Siempre regresamos al comienzo y volvemos a caminar. *Me voy a Volver* es una popular frase utilizada por los ecuatorianos y ecuatorianas cuando se despiden al dejar una reunión. Es una forma de ir hacia el pasado para regresar del futuro. Viene de la percepción cultural del tiempo que tienen los kichwas. El pasado está delante de nosotros, el futuro está detrás. Los ciclos se repiten en el tiempo, vivimos un eterno retorno, un avance infinito hacia el punto de partida. La modernidad nos presenta los hechos de manera aislada, pero es necesario recuperar algunos de los hilos del tejido que construye la historia. *Me voy a volver* es una forma de atrapar los sueños de las memorias o las memorias de los sueños. Es un mensaje atrapasueños.

❋ ❋ ❋
Sueños rotos

Al atrapar los sueños, también se pueden atrapar algunos sueños rotos por la realidad como diría el maestro y querido amigo poeta Juan Gelman.

Pero Juan, que siempre andaba por el mundo revindicando los sueños, así estuvieran rotos, reivindicando que soñáramos mejor, así estuviéramos rotos, cuando escuchaba a Joan Manuel Serrat creía, como tantos, que el Mediterráneo también era un sueño. Aunque él no había nacido en el Mediterráneo, lo miraba como un desterrado que había huido de la dictadura argentina, mientras escuchaba aquella vieja canción de Joan Manuel.

En estos años, en el Mediterráneo se han roto tantos sueños de emigrantes sirios, libios, africanos de tanto lugar, que el propio mar ya es un sueño, roto... Si uno mira fotos, escucha testimonios, mira imágenes de los barcos en el mar, de los niños en el mar, de los cuerpos de los niños en las playas como el de Aylan Kurdi, puede sin duda pensar que el Mediterráneo tiene hoy una alma más profunda y más oscura por tantos sueños rotos.

❖❖❖
Alepo

Una misionera cristiana, Guadalupe Rodrigo, quien vivió en Siria desde el año 2011, explicaba cómo surgió la guerra civil que vive ese país. Cómo llegó de afuera una guerra que nadie esperaba. Cómo, en esa linda ciudad, tantos sueños se transformaron en escombros. Hablaba además sobre la prosperidad y tranquilidad de Siria antes de que Estados Unidos y algunos de sus aliados, impulsaran el inicio de una guerra que parece no tener fin.

Según la misionera cristiana, en Siria no se pensaba que podría venir una guerra civil, ni siquiera que se pudieran dar manifestaciones. Contaba así cómo se montó la guerra. Alepo, la segunda ciudad de Siria fue sitiada por los grupos apoyados por Estados Unidos, muchos barrios se transformaron en escombros. La misionera lo contaba asombrada, todavía asombrada por esa realidad.

❖❖❖
Encantamiento musical

En Siria también asombra la música, que muchas veces puede ser un sueño. Sabah Fakhri, músico nacido en Alepo en 1933, es tal vez el músico que más trabajó en la investigación y recuperación de la música tradicional siria. Para algunos representa la esencia del auténtico *tarab*. El concepto de *tarab* tal vez no tiene un equivalente exacto en otros idiomas, pero suele traducirse como "*éxtasis musical*" o "*encantamiento*".

Damasco, la capital siria, tradicionalmente fue uno de los centros de la música árabe. En las últimas años diversos cantautores y cantautoras se destacaron por su aporte a la música popular de su país y a la música árabe. Lena Chamamyan es una de esas creadoras. Su voz atrapa los sentidos. *Scheherazade* es una de sus mágicas interpretaciones. Al escucharla produce un encantamiento musical.

❊❊❊
Solo eso...

Para muchos, la música y el *tarab* son parte de una realidad lejana. Un niño que sobrevive en un campamento de refugiados sirios decía al ser consultado por un periodista que a los policías de Europa no les gustan los sirios y daba su mensaje: "*Por favor ayuden a los sirios. Los sirios necesitan ayuda ahora. Ustedes solo detengan la guerra y nosotros no vendremos más a Europa. Solo detengan la guerra en Siria*". Solo eso...

❊❊❊
Hoja de otoño

Solo eso es mucho El tiempo camina. La palabra camina. La música camina. La poesía vuelve desde Siria. Nacido en Salamiya (Siria) en 1934, Muhammad Al Magut es uno de los más destacados poetas árabes contemporáneos y uno de los pioneros en la renovación de la poesía árabe. Su poema *Invierno*, escrito en 1970, mucho antes de este otro invierno que azota hoy a Siria, pertenece a su libro *La poesía no es mi profesión,* y dice así. *Como lobos en una estación seca / Germinamos por todas partes / Amando la lluvia / Adorando el otoño / Un día incluso pensamos en mandar / Una carta de agradecimiento al cielo / Y en lugar de un sello / Pegarle una hoja de otoño. / Creíamos que las montañas se desvanecerían / Los mares se desvanecerían / Las civilizaciones se desvanecerían / Pero permanecería el amor.*

❆ ❆ ❆
El Gatopardo

De las hojas de otoño en Siria seguimos hacia las hojas secas de la isla de Lampedusa. En el año 2011, cuando se inició la intervención de la OTAN en Libia, algunos advertimos que se estaba llevando a ese país hacia una guerra civil. Advertimos además que luego vendría la intervención en Siria, que esa intervención, provocada por el interés de potencias extranjeras en los recursos de esos países y en su posición geoestratégica, llevaría a un desastre humanitario. Hoy la realidad es más triste de lo que imaginamos. La mitad de la población de Siria sobrevive desplazada. Libia es un escenario de muertos y esclavos. Cientos de miles de personas emigran a Europa para tratar de salvar su vida. Hoy la isla de Lampedusa es puente y muro en su camino.

Es una gran paradoja, pero *Il Gatopardo*, esa extraordinaria novela de Giuseppe de Lampedusa vuelve a ser hoy la mejor imagen de esa Europa un tanto cínica que se esconde y se miente a si misma mientras sigue a Estados Unidos. *Il Gatopardo* es un espejo de Europa.

❆ ❆ ❆
El ser humano

En el mismo año 1963 que Luchino Visconti llevaba al cine *Il Gatopardo* de Lampedusa. En junio de aquel 1963, se publicaba la primera edición de *Rayuela*, esa genial novela de Julio Cortázar. Como en la vida, en la novela hay muchos finales y muchos comienzos, muchas formas de irnos a volver. Cortázar es producto del Mediterráneo y de sus olas. Por eso alguna vez se fue a volver de ese mar que hoy no es el mismo, aunque lo sea. En una entrevista, allá por 1977 Cortázar hablaba del mar. Todos los mares el mar decía, porque Cortázar es también un producto de la migración de sus abuelos de Europa hacia América Latina. Ellos cruzaron el Atlántico, no el Mediterráneo, como los miles de migrantes de hoy, pero hay un hilo invisible que une las migraciones y los mares aunque, aparentemente, no tengan ninguna conexión. Entonces podemos pensar que todos los seres humanos son el ser humano como también diría Julio.

❊❊❊
Espantapájaro

Todos los seres humanos el ser humano y todos los sueños el sueño, porque hay personas que se ríen de los muros y hacen caminar sus palabras por infinitas geografías. Las palabras caminan impregnadas de sueños, y los sueños se derraman en la realidad para volver a ser soñados, para ser soñados mejor, como diría Juan Gelman. Sospecho que la obra de Cortázar como la de Gelman son ya parte de un sueño. Cortázar y Gelman, nieto e hijo de migrantes fueron también migrantes, pero fueron además amantes del tango, tangueros los dos. El tango también es una imagen de la migración.

En 1963, en el mismo año que salió la primera edición de *Rayuela* y se estrenó *Il Gatopardo* de Luchino Visconti, Aníbal Troilo y Roberto Polaco Goyeneche graban por primera vez *La Ultima Curda*, un tango que hará historia. Hay que escuchar al Polaco decir: ¡Ya sé, no me digás! ¡Tenés razón! / La vida es una herida absurda, / Y es todo tan fugaz / Que es una curda, ¡nada más! / Mi confesión. Para terminar casi susurrando: ¿No ves que vengo de un país / Que está de olvido, siempre gris, / Tras el alcohol?...

De Lampedusa a Buenos Aires. Del Río de la Plata al Mediterráneo. De la memoria al presente, del presente a la memoria. Como diría el escritor ecuatoriano Iván *Égüez* en *La Linares*: *"Espantapájaro el olvido no ha logrado espantar la memoria"*.

❊ ❊ ❊
What A Wonderful World

La memoria es compañera de migrantes y migraciones en distintas geografías. Los abuelos de los afroamericanos fueron esclavos que migraron. Hoy ellos migran dentro de Estados Unidos para trabajar y muchas veces para sobrevivir. Las migraciones son comienzo y final de muchos caminos. Todo comienzo es en realidad el final de algo. Pero cuando me voy a volver, de alguna forma está implícito que el final es también el comienzo. Entonces, estos textos podríamos leerlos al revés, o mejor dicho escucharlos al revés. O mejor dicho iniciar en el final y terminar en el comienzo. Por lo tanto ahora podría estar finalizando al comienzo, aunque todavía tenemos palabras para caminar. Qué mejor que finalizar con Jazz. El Jazz es como el alma de los negros de Estados Unidos, bueno, como el alma de los afroamericanos. En realidad es algo así como el contacto con los dioses de todos los continentes, como una forma de sobrevivir en un país que los dejaba a un lado. Los sigue dejando a un lado. La mayoría de las veces los maltrataba. Los sigue maltratando.

Cuando surgió el jazz fue como irse a volver de algún rincón dónde se inventó la música para ponerle los sonidos de la selva, del agua, de los árboles, de la vida y la muerte a ese monstruo sin notas musicales, a es país que ya por aquella época comenzaba a olvidarse de las personas. Pero a pesar de ese olvido y del profundo dolor que provocaba y provoca ese olvido, o tal vez por eso mismo, la música de Louis Amstrong podía pintar desde el dolor un mundo maravilloso.

Entonces habría que irse a volver para escuchar a ese genio del jazz que fue, perdón, que es, Louis Amstrong, con *What a wonderful world*.

✷ ✷ ✷

Trombone Blues

Sin embargo, para la escritora Toni Morrison, Premio Nobel de Literatura, el mundo no es tan maravilloso como lo pinta Louis Amstrong en esa canción, sobre todo para los afroamericanos. Ella nació en una familia de Ohio, y fue creciendo en un mundo lleno de historias, de letras que contaban la vida de quienes construían su lugarcito en medio del dolor. Historias del sur y de todos lados, que de a poco iban tomando ciudades para que todos pudieran disfrutarlassufrirlasreírlasllorarlas. Palabras que dibujaban sueños y pesadillas como sonidos salidos de algún pentagrama. Historias, de seres perdidos y encontrados en las calles de la gran ciudad. Todo el profundo dolor de la historia afroamericana.

Jazz es una novela de Toni Morrison que transcurre en esas primeras década del siglo XX en que se funden la música afro rural con la música afro urbana. Cuando la industria discográfica crece con la difusión de las Victrolas. Es una novela estructurada como una interpretación de jazz. El narrador es el propio gramófono y los personajes son como músicos que en una especie de improvisación van construyendo la trama. Si en la orquesta de Duke Ellington cada músico con su instrumento construye su propia versión de la música, en el libro de Morrison cada personaje con su voz construye su versión de la historia. Tal vez, podríamos escuchar la voz de Toni Morrison leyendo un pasaje de *Jazz que dice*: "*Era imposible mantener los tambores de la Quinta Avenida separados de aquellas tonadas que apuntaban más debajo de la cintura, surgidas de las vibrantes teclas de los pianos y de los discos que giraban en la gramolas.*

Imposible. Algunas noches son silenciosas, ningún motor de automóvil funciona en lo que alcanza el oído, no hay borrachos ni bebés inquietos que lloren llamando a sus madres, y Alice abre cualquier ventana que se le antoje y no oye absolutamente nada...". "*Los tambores que escuchó en el desfile, fueron solo la primera parte, la primera palabra de un mandato. Para ella los tambores no fueron una soga de confraternidad, disciplina y trascendencia que lo abrazaba todo. Los recordaba como un comienzo, el principio de algo que ella se cuidaría de completar...".*

De fondo podríamos escuchar al Duke Ellington con *Trombone Blues*, música mencionada por Morrison en su novela.

❋❋❋
Vidas Negras...

A pesar del dolor de sus letras, y tal vez por eso, las historias de Toni Morrison se hacen mundo en la gente, su gente se hace memoria en el tiempo... El tiempo del dolor, ese tiempo que marcha al son de África. Sus libros son como saxos inundando el pentagrama del mundo. Pero, el tiempo del dolor no es solo ayer, es hoy. El 9 de agosto de 2014, en Ferguson, Misuri, fue asesinado por un policía el joven de 18 años Michael Brown. El agente que lo mató no fue enjuiciado. La impunidad despertó la ira del pueblo afroamericano. En estos años las movilizaciones se sucedieron. Pero la discriminación y el ataque policial a los afrodescendientes no paran. Los asesinatos siguen. Las marchas de protesta también.

En abril de 2015, el joven afrodescendiente estadounidense Freddie Gray murió el en Baltimore tras graves lesiones mientras estaba en custodia policial. Se encendió la protesta. Muchas ciudades de Estados Unidos se encendieron. Todos los fuegos el fuego, como diría Cortázar. Sin embargo los policías involucrados fueron declarados inocentes. La impunidad se mantiene. Las violaciones a los derechos humanos de los afrodescendientes también, aunque sean grabadas por celular y se hagan públicas a nivel mundial.

En 2016 la muerte de otros afrodescendientes en manos de la policía, grabadas con teléfonos celulares, despertó nuevamente indignación y protestas. Surgió una consigna que se repite en todas las movilizaciones contra la violencia policial: *Las vidas negras importan*. A partir de la consigna surge un movimiento que empieza a tomar fuerza. *Las vidas negras importan*.

Según el periódico *The Guardian*, en Estados Unidos centenas de personas murieron ese año en manos de la policía. La gran mayoría de los muertos son afroamericanos o latinos.

Barack Obama, Premio Nobel de la Paz, el primer presidente negro en la historia de Estados Unidos, un país que durante su gobierno llevó la guerra a Libia y Siria, dejó la presidencia sin poner fin a las violaciones de los derechos humanos cometidas por la policía, en particular contra la gente de su propio pueblo. *¿Las vidas negras importan a Obama?*

❋ ❋ ❋
Django

En medio de una de las protestas contra las violaciones a los derechos humanos cometidas por los policía de Estados Unidos, o sea por el Estado de ese país, está uno de los cineastas más creativos de las últimas décadas, Quentin Tarantino, un creador comprometido con la realidad que le ha tocado vivir. En medio de la marcha Tarantino da su testimonio contra la impunidad policial.

Después de escuchar su voz mientras caminaba en esa marcha de protesta contra la violencia estatal a los afrodescendientes, habría que ir a volver por la música *Django* de Luis Bacalov que integra la banda sonora de la película. Un western que muestra, en parte, la vida de los esclavos negros en Estados Unidos. La historia no oficial. Una película muy dura, pero llena de símbolos y mensajes. La violencia histórica contra los negros en ese país. Antecedente necesario, para entender la violencia actual.

Consultado sobre el objetivo de esta película, Tarantino dice que buscó hacer un filme que tratara la terrible historia de Estados Unidos con respecto a la esclavitud, pero como lo hacen los spaghetti westerns, no como las películas de temática social. Su intención fue tocar un tema que nadie aborda en el cine estadounidense, porque algunos realizadores se avergüenzan o porque la historia oficial está impuesta dentro del cine de ese país y, por supuesto, en la memoria colectiva. Ahora, yo me iría a volver para escuchar otra canción de la banda sonora de Django, *Lo llamaban King*, también de Luis Bacalov con la voz de Edda DelOrso.

Quentin Tarantino, colaboró especialmente con los artistas para crear la música original de la película y la banda sonora. Para el cineasta la colaboración de los músicos y su inspiración es una ilustración del alma de la película. La música en sí es también parte del alma de la película. Tarantino contó también que además de las nuevas canciones originales, utilizó muchísimas grabaciones de su propia colección de vinilos.

En lugar de utilizar las nuevas versiones mejoradas digitalmente por los estudios de grabación de estos álbumes de los años 60 y 70, quiso utilizar los vinilos completos con todas sus imperfecciones, ruidos y chasquidos. Incluso mantuvo en la grabación el sonido de la aguja cuando baja sobre el disco. Quería que la gente experimentara lo mismo que él la primera vez que escucharan la banda sonora de la película. Pero ahora deberíamos escuchar *Tengo un nombre,* de Jim Croce, para luego seguir caminado historias, vidas, sueños y más vidas. Para irnos a volver...

❊❊❊
Whitman

¿Qué tendrá que ver el gran poeta estadounidense Walt Whitman con la historia de la película Django? Esta se desarrolla en Texas en 1858. Tres años antes, en junio de 1854 se publicaba la primera versión de *Hojas de Hierba*, un libro que Whitman seguirá editando y sumando poemas hasta su muerte. Por lo tanto vivió en ese mismo momento histórico llevado al cine por Tarantino, aunque en otro lugar, en Nueva York, desde donde marcó su oposición a la esclavitud. En 1856, en su texto *La Presidencia Decimoctava* escribió: *"O abolen la esclavitud o ésta los abolirá a ustedes"*. Sin embargo, apoyó la opinión de que los afroamericanos en principio no deberían votar. Más allá de esas contradicciones, su obra poética marcó el futuro de la poesía estadounidense.

En estos caminos intrincados de hoy, sería el momento de escuchar la lectura de *El canto a mi mismo*, que pertenece al libro *Hojas de Hierba*. Por lo menos un pequeño fragmento: *Surgen de mí voces acalladas desde hace largo tiempo: / Voces de las interminables generaciones de cautivos y esclavos, / Voces de enfermos y desahuciados, de ladrones y enanos, / Voces de los ciclos de gestación y crecimiento, / Voces de los lazos que unen a los astros, de úteros y de semilla paternal, / Y de los derechos de aquellos a los que oprimen, / De los deformes, vulgares, simples, necios despreciados, / De la niebla en el aire y del escarabajo que arrastra su bola de inmundicia.*

❋❋❋
Vietnam

Voces acalladas dice Whitman y seguimos el camino. De las migraciones a las migraciones. Vamos y venimos de Estados Unidos. Del jazz musical de Louis Armstrong y Duke Ellington al jazz literario de Toni Morrison. De la indignación por la violación a los derechos humanos de los afrodescendientes a las protestas de un pueblo en las calles. Del compromiso de Tarantino en las marchas, a la deuda de Barack Obama con el pueblo afroamericano. Con tantos pueblos. De la banda sonora de la película *Django* que marca a fuego la esclavitud a la poesía de Walt Whitman.

Ahora podríamos irnos a un ring de boxeo, en busca de un rebelde que se abrió camino ante la adversidad. Me voy a volver para recordar a Mohamed Alí. Perseguido, con sus derechos violentados, no pudieron matarlo como ocurre hoy con tantos afrodescendientes, asesinados por la policía estadounidense. Resistió y se transformó en un símbolo, más allá del ring. No fue a la guerra de Vietnam y se opuso tenazmente. Le sacaron su título y no pudo pelear por un buen tiempo. Pero regresó y volvió a ser campeón. Defendió a Cuba contra el bloqueo estadounidense y se fue hace poco. Tal vez su mayor tristeza fue haber dejado de lado a su amigo Malcon X, un luchador por los derechos de los afrodescendientes.

Vietnam era un ejemplo en el mundo, ejemplo de un pueblo que luchaba contra el mayor imperio. Un pueblo dirigido por uno de los mayores líderes del siglo XX: Ho Chi Minh. En 1967 intelectuales y artistas estadounidenses promovieron grandes manifestaciones contra la guerra de Vietnam.

Una Carta enviada por el líder vietnamita, al presidente de Estados Unidos Lyndon B. Jonson, provocó un remezón en la opinión pública estadounidense: "*Vietnam se encuentra a miles de kilómetros de Estados Unidos. Los vietnamitas nunca han hecho ningún daño a Estados Unidos, pero Estados Unidos ha intervenido de forma continuada en Vietnam"*, decía al comienzo de su carta el Tío Ho.

Pablo Milanés interpretó una canción, basada en un poema de Nicolás Guillén que es necesario escuchar en el camino del recuerdo, de tantos recuerdos... *"Al final del largo viaje, / Ho Chi Minh suave y despierto: / sobre el albura del traje / le arde el corazón abierto. / No trae escolta, ni paje. / Pasó montaña y desierto: / en la blancura del traje, / sólo el corazón abierto. / No quiso más para el viaje".*

Los hilos de la historia se juntan a través de Vietnam, de la rebeldía de Mohamed Alí a la poesía de Nicolás Guillen y la música de Pablo Milanés: Pero Vietnam también fue un símbolo de una de las mayores cantantes negras estadounidenses. Otra luchadora por los derechos civiles, otra perseguida: Nina Simone, quien un día dijo: *"Ser libre es no tener miedo"*. Hay un blues de ella contra la guerra de Vietnam que suena bajito...

❊❊❊
Martin Luther King

Una canción de Nina Simone se transformó en himno de quienes luchaban por los derechos de los afrodescendientes, y mucho más, de quienes luchaban por los derechos civiles de todos. Una canción que marcó la vida de tantos y de tantas, y en particular del propio Martin Luther King. La canción se llama *Misisipi Maldición* y se cantó en tantas marchas por todo Estados Unidos. Nina Simone dejó Estados Unidos en 1969, tras el asesinato de Luther King, cansada de la persecución y el racismo contra los afroamericanos.

El camino de Martin Luther King marcó el camino de la lucha del pueblo negro estadounidense por los derechos civiles. Sus pasos en la marcha hacia la libertad, hacia los derechos, marcaron el rumbo de un pueblo que todavía es olvidado.

La impunidad de hoy es consecuencia de la impunidad de ayer. Las luchas por los derechos civiles de hoy son parte del tejido de luchas construido durante décadas. Las marchas de hoy y los pies en la marcha, son parte de aquellas marchas que pedían justicia.

"*Hoy tengo un sueño. Sueño que un día, en las rojas colinas de Georgia, los hijos de los antiguos esclavos y los hijos de los antiguos dueños de esclavos, se puedan sentar juntos a la mesa de la hermandad. Sueño que un día, incluso el estado de Misisipí, un estado que se sofoca con el calor de la injusticia y de la opresión, se convertirá en un oasis de libertad y justicia. Sueño que mis cuatro hijos vivirán un día en un país en el cual no serán juzgados por el color de su piel, sino por los rasgos de su personalidad*", dijo Martin Luther King.

Esas palabras siguen siendo un sueño. *Selma* es una película que cuenta parte de ese sueño. "¿Qué pasa cuando un hombre se levanta y dice basta?", se escucha decir en el film. Podríamos preguntarnos: ¿qué pasa cuando un pueblo se levanta y dice basta?

Todo final puede ser un comienzo. *Selma* es una forma de recomenzar ese sueño. En todo caso, cada vez que nos vamos a volver estamos volviendo a empezar. Ahora podríamos hacerlo desde Colombia donde siguen buscando caminos para la paz…

❖❖❖
Ánima de la paz

Entonces me voy a volver para continuar mi viaje a Ítaca por caminos y memorias de Colombia. Durante décadas de guerra, Colombia fue escenario de muchas migraciones forzadas hacia fuera del país y de unas regiones a otras del propio país.

Ahora podría estar perdido en el camino, entre el Putumayo y el Caquetá, en la Colombia profunda, buscando voces y testimonios en un respiro de la guerra. No sé muy bien cuál es el año en este lugar, tampoco sé si habrá un respiro en esta guerra. Ya son más de 50 años desde que estas balas se iniciaron. ¿Estos tiros de hoy son los mismos de ayer?

Aquí nomás los campesinos miran la guerra como parte de un camino, recuerdan otras luchas que no vivieron, porque ya son tantos los años, que son varias las generaciones. Se fueron a volver de la guerra y están aquí recordando, casi, casi llegando a la paz. Se escuchan unos acordes de guitarra y alguno se pregunta todavía ¿qué es la paz? ¿Vale la pena la paz? Aquí la gente mira la paz como parte de un camino que se va construyendo. Un tejido difícil porque a veces los hilos no coinciden en el telar. Pero hay que buscar que coincidan. Entonces, me voy a volver de la paz en Colombia. Bueno, eso creo, o mejor dicho espero. Camino difícil, intrincado, culebrero. Podríamos empezar frente al pelotón de fusilamiento del coronel Aureliano Buendía.

❋ ❋ ❋
Macondo

Escuchemos a Gabriel García Márquez contar aquella historia, recordando su voz particular: *"Muchos años después, frente al pelotón de fusilamiento, el coronel Aureliano Buendía había de recordar aquella tarde remota en que su padre lo llevó a conocer el hielo. Macondo era entonces una aldea de veinte casas de barro y cañabrava construidas a la orilla de un río de aguas diáfanas que se precipitaban por un lecho de piedras pulidas, blancas y enormes como huevos prehistóricos. El mundo era tan reciente, que muchas cosas carecían de nombre, y para mencionarlas había que señalarlas con el dedo. Todos los años, por el mes de marzo, una familia de gitanos desarrapados plantaba su carpa cerca de la aldea, y con un grande alboroto de pitos y timbales daban a conocer los nuevos inventos. Primero llevaron el imán. Un gitano corpulento de barba montaraz y manos de gorrión, que se presentó con el nombre de Melquíades, hizo una truculenta demostración pública de lo que él mismo llamaba la octava maravilla de los sabios alquimistas de Macedonia. Fue de casa en casa arrastrando dos lingotes metálicos, y todo el mundo se espantó al ver que los calderos, las pailas, las tenazas y los anafes se caían de su sitio, y las maderas crujían por la desesperación de los clavos y los tornillos tratando de desenclavarse, y aún los objetos perdidos desde hacía mucho tiempo aparecían por donde más se les había buscado, y se arrastraban en desbandada turbulenta detrás de los fierros mágicos de Melquíades. Las cosas, tienen vida propia pregonaba el gitano con áspero acento, todo es cuestión de despertarles el ánima".*

Podríamos decir que la paz tiene vida propia. Entonces, será cuestión de despertarle el ánima… Para despertarle el ánima hay que seguir caminando. Tal vez en el pueblo de Macondo no esté la respuesta, o tal vez sí. Pero como diría el propio Gabo, la realidad, ya hace muchos años que superó a la ficción en Colombia y en tantas partes: "*El novelista puede inventar todo siempre que sea capaz de hacerlo creer. Y yo creo que el gran reto de la novela es que te la crean línea por línea, pero lo que descubre uno es que ya en América Latina la ficción, la literatura, la novela es más fácil de hacer creer que la realidad".*

Cien Años de Soledad apareció en 1967 y se convirtió en el mejor ejemplo del realismo mágico, que algunos definieron como un "*género literario*" latinoamericano que, sirviéndose del surrealismo, mezcla lo mítico y lo cotidiano para captar la historia y la cultura.

Dos años después, en 1969, el compositor peruano Daniel Camino Diez Canseco ganó el Festival de la Canción de Ancón en Perú con una cumbia basada en *Cien Años de Soledad* que se titula *Los cien años de Macondo*, que hasta hoy sigue sonando en pueblos y ciudades de la América Latina. Esa cumbia se transformó en un éxito mundial con decenas de versiones. En este momento podríamos escuchar la versión del cantautor mexicano Oscar Chávez. Si no pueden escuchar, imaginen...

❀❀❀
Camilo

Más allá de Macondo hay otras realidades que se fueron construyendo en medio de desigualdades e injusticias casi endémicas. Desigualdades que venían de atrás y fueron instalándose en los distintos caminos de Colombia. Injusticias que se fueron creando en medio de las desigualdades, de la tierra en pocas manos, del olvido de los campesinos y de los pobres de la ciudad. El pelotón de fusilamiento del Coronel Aureliano Buendía, finalmente es solo un pelotón más en la historia de Colombia.

La guerra entre conservadores y liberales por el poder político y económico tenía en medio a un pueblo que cierto día buscó asumir su protagonismo, creyendo que podría terminar con las desigualdades y las injusticias. Un pueblo que quería la paz, pero la guerra fue invadiendo el camino y luego fue el propio camino, mientras los poderes nacionales y extranjeros diseñaban el destino de Colombia.

En ese camino, perdido y encontrado tantas veces desde la muerte de Jorge Eliecer Gaitán en 1948, surgieron caminantes que dejarían marcados sus pies en la vida de ese país, como el cura Camilo Torres aquel 15 de febrero de 1966.

No hubo cuerpo para velar, pero su nombre quedó en los caminos de la América Latina. *"Para entender a Camilo hay que situarlo integralmente, no solo como el cura guerrillero. Eso es circunstancial en su vida. Es el sacerdote, el sociólogo, el político el revolucionario y el guerrillero",* dice su amigo Gustavo Pérez Ramírez. *"Un símbolo del compromiso de los cristianos en una trasformación de la sociedad".*

La historia de este cura revolucionario quedó grabada en una hermosa canción titulada *Cruz de Luz*, creación del cantautor uruguayo Daniel Viglietti. Pero en este momento me gustaría escuchar la versión de Chavela Vargas que supo interpretar con una fuerza y una ternura extraordinarias esa canción que relata una pequeña historia en el camino de Colombia, una gran historia.

❋ ❋ ❋
El caracol

Ahora, en estos caminos de Colombia se puede encontrar otro mundo en la ciudad, también marcado por la violencia del desalojo, la violencia que significa quedarse sin casa y no tener dónde ir. En el campo es la falta de tierra que lleva a los campesinos a sumarse a la lucha social y política de diversas formas, en la ciudad es la falta de vivienda digna la que lleva a los pobladores y trabajadores a sumarse a diversas luchas.

El cineasta Sergio Cabrera, logró en la película *La estrategia del caracol*, plasmar con ironía la lucha contra un desalojo colectivo de una casa de inquilinato en la cual muchos eran migrantes. Pero sobre todo logró mostrar las solidaridades y luchas que se construyen desde los de abajo en momentos de exclusión social. Del proletario sin trabajo y sin vivienda, pasando por el cura del barrio, por el desclasado y el intelectual, los hilos de la lucha y la solidaridad construyen una historia de Colombia, de las tantas historias que teje el inmenso telar de la memoria colectiva, en el que la gente elabora sus propias estrategias de supervivencia, como la estrategia del caracol, llevándose la casa a cuestas, llevándose su mundo a cuestas. La película, estrenada en 1993, obtuvo varios premios internacionales. *La estrategia del caracol* es, finalmente, una metáfora de la realidad. Como decía García Márquez, la realidad puede ser más absurda que la ficción.

✱ ✱ ✱
Mohana

De ese mundo urbano de Colombia en 1993, me voy a otro lugar, me voy a volver del campo colombiano en el año 2000. Por ahí se escuchan rancheras y corridos como si estuviésemos en el campo mexicano. En las cantinas de San Vicente del Caguán, muy cerca de dónde se desarrollan diálogos de paz entre la guerrilla de las FARC y el gobierno de Andrés Pastrana se escuchan rancheras. Pero seguimos caminado por Colombia. Una Colombia profunda, sufrida, luchadora y solidaria. Solidaria a pesar de las dificultades. Una Colombia que intenta llegar a la paz. Vamos y venimos de la guerra. Vamos y venimos de la paz. Vamos y venimos en el tiempo. Vamos y venimos de la música.

Seguramente cuando se alcance la paz también será una paz llena de música. Colombia es un país tocado por la magia de la diversidad musical. Las notas musicales de ese país pueden inundar el mundo. Totó La Momposina, con su pasión en cada canto, con la magia de la vida en cada música, con la cumbia en el camino de la paz, tal vez nos diga: "*Mohana, Mohana, Mohana… / Espíritu del agua espíritu burlón / Espíritu del agua espíritu burlón / Tengo que abrirte mi corazón / Espíritu del agua espíritu burlón / Envuélvela con la atarraya / Y agárrala con la atarraya / Y púyale los ojos con la atarraya / Pa que me siga donde yo vaya / Pa que nunca más se olvide de mí /*

Pa que yo no tenga más que sufrir". Y si hacemos volar la imaginación podríamos pensar que se refiere a la paz...

❀ ❀ ❀
Biblia de pobres

Después, claro, después seguimos caminando, aunque ya no sé muy bien por donde estoy, en qué lugar de la paz o la guerra, en qué momento del camino... Pero si sé, me voy acercando a la poesía de mi amigo el poeta colombiano Juan Manuel Roca, que un día de hace ya algunos años, escribió su *Biblia de Pobres*, un libro en que la poesía es una mirada del cansancio de Colombia.

En Colombia hubo una y varias generaciones que se fueron cansando. Cansancio hubo entre las calles y entre los campos abandonados, cansancio hubo entre quienes tuvieron que abrir la puerta por última vez y entre quienes tuvieron que cerrarla. Juan Manuel poetizó el cansancio y el dolor de su generación esperando la paz...

❀ ❀ ❀
Guerrilla vallenata

Ahora, en Los Pozos, muy cerca de San Vicente del Caguán escucho a Julián Conrado, compositor de vallenatos y guerrillero de las FARC. Es el año 2000 y vamos ingresando al territorio dónde se desarrollan diálogos de paz. Durante la conversación, Conrado me dice que está vinculado a sectores de izquierda desde 1965, cuando mataron a Camilo Torres. Los hilos del tejido histórico que se cruzan. *"Mi mamá me hablaba mucho de él"* asegura el guerrillero.

Tiene el acento típico de los pobladores de la Sierra Nevada de Santa Marta. Antes de ingresar a las FARC en 1983 ya era un conocido compositor de vallenatos. Los comienzos de su carrera musical se remontan a los festivales de vallenato que se realizaban en Colombia en la década de los 70, luego se dedicó a componer para cantantes famosos además de grabar cuatro discos. Desde que está en la guerrilla, Conrado produjo otros discos vinculados a su lucha. *"Tengo influencia de la música vallenata y de la caribeña, por haber nacido en un puertito que está cerquitica de Cartagena, donde llegaba mucha música de Puerto Rico y Cuba"*, comenta.

En esa charla en Los Pozos, al hablar de la cultura en Colombia, Conrado señala que no hay una cultura que esté por encima del bien y del mal. *"La cultura de la violencia que hoy existe en Colombia es impuesta y nosotros apostamos a una de paz que vaya al rescate de los sectores populares, por eso presentamos propuestas culturales en ese sentido"*. Recuerda que Jacobo Arenas, uno de los fundadores de las FARC junto a Manuel Marulanda, ponía énfasis en la necesidad de una propuesta cultural desde la guerrilla.

"Arenas me llamó un día a su caleta, abrió una botella de vino y me preguntó qué hacía yo en la guerrilla. 'Aquí cualquiera se tira un discurso político y tenemos guerrilleros pa' que echen plomo a la lata, pero tú debes irte a grabar canciones', dijo".

En principio se sorprendió por las palabras de Arenas, pero luego se dio cuenta del sentido y pasó a pensar que el trabajo cultural acerca la guerrilla a la población y ayuda a construir identidad.

Dieciséis años antes de esta charla, en 1984, Conrado fue destacado por las FARC para trabajar políticamente con la Unión Patriótica en la costa del caribe colombiano, mientras se desarrollaba el diálogo de paz entre la guerrilla y el gobierno de Belisario Betancourt. Una de las tantas experiencias frustradas. La Unión Patriótica terminó con más de 5.000 militantes asesinados. Él regresó al monte.

❋❋❋
Caverna sin salida

Luego de la frustrada experiencia de paz con Betancur, a sus 70 años Manuel Marulanda volvió a dialogar de paz con el gobierno de Pastrana. Me dice que la guerrilla abandonaría el diálogo con ese gobierno sólo si sus posiciones en la zona desmilitarizada son atacadas. *"Tenemos voluntad de paz y sólo nos retiraremos de la mesa de diálogo cuando caigan las primeras bombas"*, asegura. Concluye que tal vez algún día existan condiciones para que la guerrilla pueda realizar un acto en una ciudad grande. *"El reto será movilizar 100.000 personas, aunque todavía falta para eso"*.

Los diálogos finalmente fracasaron. Se interpuso el Plan Colombia, vinieron los bombardeos a campamentos guerrilleros, e incluso la invasión a territorio ecuatoriano para matar a Raúl Reyes en 2008. Luego se sucederán las muertes de varios líderes. Las FARC son duramente golpeadas. Por un tiempo se impone la teoría de la guerra y la represión liderada por el ex presidente Álvaro Uribe.

La guerra parece imponerse en el imaginario. La paz parece solo una utopía que ayuda a caminar. En ese camino duro, empedrado, culebrero, la paz asoma. Lenta pero asoma. Como una sombra tenue, casi imperceptible, asoma. La voluntad política de las partes, la mediación de Cuba, Noruega y el trabajo persistente de Hugo Chávez llevan a las conversaciones.

Después de caminar bastante, las FARC y el gobierno de Juan Manuel Santos, llegan a un acuerdo. Desde ahora vamos a combatir con la palabra dice Timoleón Jiménez, o Timochenko, máximo dirigente guerrillero. Por ahí se da un tropiezo en el camino, pero la paz llegará, un día llegará…

Venimos de un largo camino. Pasaron décadas, pasaron guerras y esperanzas, pasó un mundo entre la paz y la guerra, entre la injusticia y la desigualdad. No se solucionarán los graves problemas sociales con la paz, pero el camino de la paz es el único viable. Claro está que después habrá que ir construyendo la justicia social, o sea una paz mejor para todos...

Pero la paz no llega con la firma del acuerdo: centenas de guerrilleros desmovilizados, dirigentes sociales, campesinos, indígenas y defensores de los derechos humanos son asesinados por paramilitares o militares. La muerte y la guerra se imponen, a pesar del papel firmado... A veces la paz y la guerra son como cavernas sin salida en el camino a Ítaca...

❋❋❋
Caverna propia

Me fui a volver de las cavernas de la paz y la guerra y ahora estoy entrando en otra caverna: un centro comercial, una cueva, un templo, un espejo, la televisión, el internet, un Parlamento, una casa de gobierno, un partido político, una ONG, la globalización económica, la OEA, el consumo, el capitalismo, o tal vez una vasija de barro. ¿En qué caverna estoy finalmente? Es una buena interrogante. Depende, siempre depende de uno en qué mundo quiere ingresar, en qué caverna entrar, en qué historia. Cada uno decide su propia caverna.

Hay cavernas y cavernas. Una puede ser el Centro Comercial, como lo describe José Saramago en su novela *La Caverna*, ese lugar que miles de personas visitan día a día en las ciudades. Otra en cambio, puede ser el espejo en el que nos miramos diariamente y que tal vez nos conozca más que nosotros. En todo caso, cada cual elige su propia caverna.

❋❋❋
Vasija de barro

La vasija de barro es una caverna más acogedora, que puede recibirnos en nuestro último viaje. Bueno, no sé si es el último, pero, al fin de cuentas, es un viaje más.

Al escuchar a Paco Ibañez cantando V*asija de barro*, enseguida recuerdo a ese maestro y gran amigo Jorge Enrique Adoum, quien decía que era una de las versiones que más le gustaba. Recuerdo también sus palabras cuando nos encontrábamos para tomar algún trago, hablar de política, de literatura y de la vida, en el C*eviche* que nos reuníamos una vez al mes en el barrio La Mariscal de Quito. Ahí me contó cómo surgió esa canción que se transformó en un himno de Ecuador y América Latina, Buenos recuerdos.

También hay que escuchar la versión original de Benítez y Valencia, que fueron quienes crearon la música. Hay otra versión excelente de Paco Godoy en el piano y la voz de Xavier Rivadeneira, que también vale la pena escuchar a la hora de recorrer las decenas de versiones realizadas en el mundo sobre *La Vasija de Barro*.

La historia fue más o menos así. Noviembre de 1950, *El Origen*, óleo recién pintado por Oswaldo Guayasamín, todavía estaba fresco en la sala de su casa en la Galápagos y Venezuela, en el Centro de Quito. Los invitados fueron llegando a la fiesta organizada por el pintor y empezó a circular el anisado *Mallorca*.

La obra, que reproducía a una madre con su hijo en el vientre en forma de vasija de barro, prendió la imaginación del escritor Jorge Carrera Andrade, quien caminó hacia la biblioteca y tomó un libro que por casualidad era el primer tomo de la novela *En busca del tiempo perdido* de Marcel Proust.

Luego lo abrió en la contratapa interior y escribió los primeros versos. Luego pasó el libro al poeta Hugo Alemán. Siguió el pintor

Jaime Valencia. Y finalmente Jorgenrique corrigió algunas palabras y terminó el poema diciendo-escribiendo los últimos versos. Jorge Carrera Andrade se acercó al músico Gonzalo Benítez y le dijo: "*Vea Gonzalito, esto con música tiene que ser una belleza*". Potolo Valencia y él trabajaron la música, la ensayaron un ratito y volvieron para decirles: acá está la canción. Después la cantaron muchas veces hasta la madrugada...

❋ ❋ ❋
El *Bolero* de Ravel

Los círculos del tiempo se juntan nuevamente en este viaje. Sin querer, Marcel Proust fue cómplice de la creación de *La Vasija de Barro*, un poema y canción que serían imagen andina y latinoamericana. El francés, que se había introducido en el laberinto de la memoria y del sueño permanente, buscando el tiempo perdido en una novela de 3000 páginas, algo así como su propia caverna personal, y la caverna de una burguesía decadente de La Francia de fines del siglo 19 y principios del 20. El libro de Proust unía dos momentos, dos historias, dos realidades. A mi se me ocurre ahora juntar en la memoria dos músicas, dos creaciones que traspasaron su momento, y que tal vez para algunos no tengan nada que ver. Un hilo perdido en el tiempo y en el tejido de la historia las acaba de unir.

El *Bolero* de Ravel es una creación que marcó la época de Proust. Además, Celeste Albaret, famosa "*ama de llaves*" del escritor en la realidad, y personaje en su obra, fue luego cuidadora de la Casa-museo de Maurice Ravel. *Bolero* traspasó la caverna de su tiempo como la *Vasija de Barro*. Dos momentos, dos músicas en el círculo del tiempo. Momento adecuado para escuchar una genial interpretación para violín del *Bolero* de Ravel.

❊❊❊
Caverna comercial

Si bien *Vasija de barro* traspasó los tiempos del pentagrama musical, la vasija de barro ya no es un espacio de la despedida ultima y el barro está en extinción, aunque siga siendo el mejor material para construir. Ahora, hay otra caverna muy distinta a la vasija de barro, con sentidos simbólicos diferentes. Una caverna que representa otro mundo, un mundo. El Centro Comercial es la caverna de nuestro tiempo, dice José Saramago. Eduardo Galeano, en cambio, describe al Centro Comercial como el templo donde se celebran las misas del consumo. Un símbolo de los mensajes dominantes: existe fuera del tiempo y del espacio, sin edad, sin raíz y no tiene memoria.

En *La Caverna*, Saramago representa en una alfarería un mundo que se va extinguiendo y en el Centro Comercial un mundo que avanza. Pero el Centro Comercial es también un lugar que encubre la globalización económica y sus efectos perversos como el consumismo, la homogenización cultural, la aceptación de un mundo único, la renuncia a pensar y a debatir, el pensamiento único. Según el portugués, representa además una forma de totalitarismo en la cual se están formando los seres humanos.

❊❊❊
Un laberinto en la caverna

Al ir de caverna en caverna, tal vez, de un momento a otro se pueda escuchar otra música, otra historia, otra realidad, otra fantasía, otro mundo, que al final de cuentas es el mismo mundo. Otro laberinto hay que pasar para entrar a esta caverna. La música nos lleva a ese laberinto, sigamos esa música, sigamos su camino…

El laberinto del fauno, provoca sensaciones diversas, mezcla de paz, tristeza, ternura y soledad. La música siempre nos dice algo, nos hace sentir algo, la música en este caso es un mensaje de lo que vendrá. *El laberinto del fauno* es una obra maestra del cineasta mexicano Guillermo del Toro.

Recorrer el laberinto es entrar en la guerra civil española, esa caverna del dolor. Pero es también entrar en los ojos de una niña que se aferra a su inocencia, mientras el mundo a su alrededor se desmorona. Un relato de vida y muerte, fantasía y realidad, del pasado y el futuro, del dolor y la esperanza. La imaginación de la niña, hija de la guerra, espanta los horrores que soporta. ¿Quién puede decir que la imaginación de una niña no es la realidad? ¿Quién puede afirmar que el libro de las encrucijadas es ficción?

✹ ✹ ✹
Delirio en la caverna

Al salir del *Laberinto del Fauno* y dejar atrás el libro de las encrucijadas, tal vez sea un buen momento para delirar, para pensar que más allá de la caverna del Centro Comercial, del consumo, del capital hay otro mundo distinto, tal vez muy raro para algunos, pero posible. Siempre es posible otro mundo, siempre otro mundo es posible.

Entonces sería la hora de irnos a escuchar a ese gran amigo que se nos fue, pero que sigue ahí. Tantas conversas en el camino, y aquellos últimos vinos frente al Teatro Solís, cuando hablamos de todo y miramos la vida por una ventana de recuerdos. Afuera, una garúa finita, fría, montevideana. El derecho al delirio en la palabra de Eduardo Galeano y su relato vivo: ¿qué tal si deliramos pensando que otro mundo es posible?

❦❦❦
Muerte en la caverna

La vida nos exige el delirio vital de hacer aquí otro mundo posible. Más allá, solo hay preguntas sin respuesta aunque una vasija de barro nos cobije.

Cuando se mira una vasija de barro y dentro de ella el cráneo de una calavera. Bueno, cuando se mira el cráneo de una calavera, no se sabe si es de un rico, de un mendigo, de un sabio, de un poderoso, de un farsante. Lo único que indica es el abismo por el que sucesivamente seremos todos devorados. El futuro al que todos llegaremos algún día. El horizonte nunca soñado. El déspota y el ingenuo, el revolucionario y el acomodado, el traidor y el héroe, el ministro y el obrero, el creyente y el ateo, el cuentero y el que le cree, caminan por ese destino. Finalmente ahí seremos todos iguales.

Pero Saramago tenía una versión particular sobre la muerte: *"creo que la muerte surge de un momento a otro, y la muerte está con nosotros desde que nacemos hasta que en un determinado momento asume el nombre de una persona. Nuestra pequeña venganza es que la muerte se muere con nosotros mismos. Cuando nos morimos, ella ya no matará a nadie más".*

Del portugués Saramago podemos ir a la palabra de José Luis Sampedro ese extraordinario escritor catalán, humanista, economista, que pregonó hasta su muerte en el 2013, cuando tenía 96 años, una economía más humana, más solidaria, capaz de contribuir a desarrollar la dignidad de los pueblos. También hasta esos días analizaba la muerte desde una mirada vital. No era pesimista al hablar de la muerte, no se indignaba con ella, pero se indignaba con la indiferencia de la gente, con la muerte que está dentro de la caverna del consumismo, con la corrupción que se esconde dentro de una sociedad dónde todo se convierte en mercancía. "*La corrupción muestra que hay unos dispuestos a venderse y otros que están dispuestos a comprarlos*", decía San Pedro.

Si seguimos el hilo del tejido que las voces y las historias van construyendo a los largo del telar, podemos ver que la muerte no está en la vasija de barro. La muerte no está en la calavera dentro de la vasija de barro, la muerte es parte de otra caverna, la caverna del capital. La dictadura de hoy es la dictadura del consumo decía el escritor portugués. Hemos dejado de ser ciudadanos y somos solo clientes. Sus palabras y las de San Pedro son claras.

En 1989, con su canción *Elegía del indio*, basada en una carta del Jefe Seattle al Presidente de Estados Unidos, el dúo uruguayo *Los Zucará* nos decía que no podrán comprar la naturaleza y los pueblos con dinero... Veintiún años después con su canción *Latinoamérica*, los portorriqueños *Calle 13* mueven al mundo con un mensaje de identidad latinoamericana. Y gritan que el capital no podrá comprar el viento, el sol, la lluvia. Calle 13 con la colombiana Totó La Momposina, la peruana Susana Baca y la brasileña María Rita interpretan la mejor versión de *Latinoamérica*... Vamos de la utopía de *Los Zucará* en 1989 a la de *Calle 13* en 2010 con mensajes similares, llenos de vida. La utopía sigue viva.

Tal vez no todo se pueda comprar y vender, como decían José Luis Sampedro y José Saramago, pero ahora casi todo se compra y vende en el libre mercado, incluidos el viento, la lluvia y algunos pueblos. El capitalismo se reinventa a si mismo. La caverna de Wall Street está ahí para recordarlo...

❀ ❀ ❀
Caverna de simulación

La caverna también puede ser una máscara, una ciudad, un miedo, un misterio, una simulación. Hoy el mundo vive para la simulación. Las experiencias y relaciones existen muchas veces para la simulación. El selfie y las redes sociales son una prueba irrefutable de eso. Son cavernas para la simulación. Pero a la vez son una ironía de la realidad, pues muchas veces solo son una representación de la realidad. La trilogía *Matrix* de los hermanos Wachowski, pone en discusión a través de la ciencia ficción el debate sobre la realidad en el mundo de hoy. ¿Qué es la realidad?, pregunta uno de los protagonistas. Y responde: bienvenido al desierto de los real.

Más allá de las muchas cavernas y de la realidad virtual, la realidad está ahí y es necesario seguir caminando. La salida no es escapar. Porque algún día finalmente escampa, como dice el grupo uruguayo *La Vela Puerca* en su canción *Va a escampar.* Claro que un día escampa, aunque la tristeza no tenga fin.

❀ ❀ ❀
A felicidade do Brasil

Decía el poeta brasileño Vinicius de Moraes que la tristeza no tiene fin, la felicidad, en cambio, sí. Y decía: *"La felicidad es como una pluma, que el viento va llevando por el aire. Vuela tan leve, pero tiene vida breve, precisa que haya viento sin parar. La felicidad del pobre parece la gran ilusión del carnaval, la gente trabaja el año entero, por un momento de sueño, para hacer su fantasía, para hacer de rey, de pirata, de jardinera, para que todo finalmente termine el miércoles de cenizas...".* Entonces, Tom Jobim se fue a volver con esas palabras, le puso música, y se hizo canción.

Ahora puede ser un buen momento para intentar descifrar los sentidos y los símbolos de la felicidad y la tristeza, los caminos de dos almas que van juntas en este inmenso país, en este Brasil, siempre feliz siempre triste. Ayer y hoy, más allá del fútbol y del carnaval, más allá de la telenovela de la 8 y un puñado de golpistas.

Ayer y hoy, mañana o después, vale la pena que nos vayamos a volver para escuchar esa voz tan linda de Gal Costa acariciando con *A Felicidade*. Después, tal vez podemos escuchar la versión del propio Vinicius con María Creuza y Toquinho, la de Tom Jobim y tanta versiones instrumentales. Aunque la tristeza no tenga fin...

❃❃❃
Felicidad infinita

En Río, durante el carnaval, la vida sale a desfilar por la avenida, a pasearse en el paso de las portabandeiras, en la interpretación de un samba enredo, en la evolución de miles en un asfalto impregnado de magia, en el colorido y la creatividad de la fantasías, en el sonido de las baterías, en la belleza y la sensualidad de la mulatas llevando en el cuerpo el esplendor del samba.

Durante cuatro días la vida del Brasil se transforma. El habitante de las favelas, que pasó un año preparándose para febrero, durante cuatro días deja de ser visto como un posible ladrón e invade las calles de la ciudad maravillosa para ser admirado. El rico, en cambio, se ve desplazado del centro de la atención por los *"neguinhos do morro"*, a no ser que se sume a las escuelas, claro.

Los cuerpos arden, se queman al ritmo del samba, para interpretar el mestizaje cultural y las distintas realidades del Brasil. Los muchos brasiles como me decía alguna vez Gilberto Gil. La felicidad es un instante que, parafraseando al propio Vinicius de Moraes en otro poema definiendo al amor, es infinita mientras dura. Pero la tristeza no tiene fin...

❋❋❋
Milagro de felicidad

Podemos seguir cientos de caminos intentando descifrar por qué la felicidad y la tristeza van tan juntas en el Brasil. Muchos se preguntan cómo hace el pueblo del Brasil para crear esa fiesta maravillosa. Cómo, con tanta pobreza, baila en las calles y hace el carnaval, no solo en Río de Janeiro.

Río tal vez sea el peor ejemplo de comercialización en la actualidad. Pero cómo es posible que las ganas de vivir, el arte y la alegría se desparramen por toda la geografía del país.

Un día, de hace un buen tiempo, el escritor Jorge Amado, allá en su casa de Rio Vermelho, en Salvador de Bahía me dio su respuesta. *"No hay que confundir. El hecho de que el brasileño tenga su arte de vivir no quiere decir que sea un pueblo que no lucha contra las situaciones adversas. Doy gracias que este pueblo mestizo sea tan fuerte, tan resistente. Que esté vivo, lo que ya es un milagro, que tenga la capacidad de hacer la fiesta y no dejarse matar y enterrar".*

Jorge Amado tenía esa capacidad de narrar las realidades del Brasil, ese mundo mágico en el que la vida y la muerte son parte una misma alma. La vida y la muerte, son al final de cuentas, dos imágenes vitales del Brasil que van prendidas a cada historia, a cada memoria. Por ejemplo, en *Doña Flor y sus dos maridos* y en *Quincas Berro de Agua*, para recordar dos novelas de Jorge Amado, la felicidad y la tristeza son parte de la misma trama.

"*Yo creo que el negro, que llegó a Brasil como esclavo, o sea en la más desgraciada de las condiciones humanas, nos salvó de la melancolía portuguesa* – dice el escritor bahiano. *El portugués es un pueblo admirable, de una ternura, de una gracia, de una inteligencia enorme, pero muy melancólico, muy volcado para la muerte, más que para la vida. Y el negro que llegaba de* África *y tenía una sed de vivir, un amor a la vida tan grande, nos salvó de esta melancolía. La mezcla que se ha dado de la sangre negra, latina, ibérica, portuguesa e indígena, pues ha hecho un pueblo alegre. Muchas veces, los críticos más radicales, me acusan de que yo presento un pueblo que vive en la miseria pero hace la fiesta. Pero es así Brasil, esa es la realidad*". Después de recordar las palabras de Jorge Amado sería necesario escuchar un viejo fado portugués en la voz de Amalia Rodríguez... Pero sigamos caminando por la felicidad y la tristeza de Brasil.

❊❊❊
Felicidad vital

En la década del 30 y principio del 40, Jorge Amado vivió aquellos momentos en que la lucha de Luis Carlos Prestes fue una ráfaga de esperanza. Pero las cárceles del régimen de Getulio Vargas se fueron llenando de presos políticos comprometidos con la lucha de un pueblo contra el fascismo.

Alguien dijo por ahí, que Luis Carlos Prestes fue el Caballero de la Esperanza, cuando Brasil tenía esperanza. La lucha de Prestes estuvo marcada por la lucha de una mujer que traspasó los tiempos: Olga Benario.

Recuerdo ahora, algo que alguna vez escribí sobre ella: "*Río de Janeiro, 1936. Los soldados de don Getulio llegan a la cárcel donde está detenida para llevarla. Los hombres de la Gestapo esperan en el puerto. Los presos se amotinan. Entre ellos, un escritor de rostro serio y mirada triste llamado Graciliano, escribe sus memorias de la cárcel. Ella, con su panza grande como un mundo, no permite una masacre y se entrega sabiendo lo que le espera... Pero a pesar del océano que la lleva a la cámara de gas, ella se niega a dejar de soñar. Y se convence que siempre existirán pequeños rincones donde cobijar los sueños. Gracias al mar, y a pesar de él, los ojos de Olga van hacia el futuro".*

Para recordar esa lucha, la película *Olga*, de Jayme Monjardim, basada en el libro de Ferrando Morais, es una gran producción que muestra el camino de la revolucionaria alemana-brasileña. Las botas fascistas todavía retumban sobre el pavimento. La vida de Olga Benario sigue siendo un golpe a la conciencia colectiva del Brasil. Su felicidad vital era hacer revolución.

Muchos años después de Olga, otra mujer, tal vez la mayor cantante de la historia del Brasil, Elis Regina, supo interpretar canciones que fueron y siguen y siendo golpes a la conciencia. En el año 1979, *O Bébado y a equilibrista* o *El borracho y la equilibrista*, canción de Joao Bosco y Aldir Blanc cantada por Elis Regina se transformó en himno de la campaña por Amnistía General. Esa canción era y es, una metáfora de lo que fueron los gobierno militares. La felicidad vital de Elis era entregar el corazón en cada canción.

❋❋❋
Felicidad clandestina

Desde la literatura, Clarice Lispector, tal vez una de las más grandes novelistas latinoamericanas del Siglo 20, caminó mundos interiores en busca de los hilos que unen felicidad y tristeza, esas dos caras de Brasil. Caminó por una y por otra. Recorrió historias en busca de respuestas. Finalmente, no sé si encontró respuestas o más interrogantes.

Cuando niña, la felicidad para ella era, podía ser, un libro, aunque fuera una felicidad clandestina. Vale la pena irse a volver para recordar aunque sea una partecita de aquel cuento de Clarice, *Felicidad Clandestina*: "*...tu te quedas con ese libro todo el tiempo que quieras. ¿Entendido". Eso era más valioso que si me hubiesen regalado el libro. El tiempo que quieras es todo lo que una persona, grande o pequeña, puede tener la osadía de querer".* Pero ella simulaba no tener el libro únicamente *"para luego sentir el sobresalto de tenerlo. Creaba los obstáculos mas falsos para esa cosa clandestina que era la felicidad. Para mi la felicidad siempre habría de ser clandestina".*

❖❖❖
¿Felicidad de Dios?

Alguien en Brasil dijo alguna vez que Dios es brasileño. Otro respondió que tal vez por eso el pueblo del Brasil es un pueblo feliz, aunque la tristeza no tenga fin. Gilberto Gil hizo una canción en la que menciona las absurdas acciones del ser humano para poder hablar con Dios. *Se eu quizer falar com Deus* se titula la canción. Escuchar a Elis Regina, cantarla a capela es como un regalo, no sé si de los dioses, pero un regalo al fin. "*Si yo quisiera hablar con Dios / Tengo que aceptar el dolor / Tengo que comer el pan / Que el diablo amasó / Tengo que volverme un can / Tengo que lamer el piso / De los palacios, de los castillos / Suntuosos de mi sueño / Tengo que verme tristoño..."* Y más adelante: "*Si yo quisiera hablar con Dios/ Tengo que aventurarme / Tengo que subir a los cielos / Sin cuerdas que me aseguren / Tengo que decir adiós / Dar la espalda, caminar / Decidido, por la ruta / Que al final va a dar en nada / Nada, nada, nada, nada / De lo que yo pensaba encontrar".*

❊ ❊ ❊
Felicidad en el callejón

Vamos y venimos de la tristeza. Vamos y venimos de la literatura, del cine, de la música, de la historia. Vamos y venimos de la tristeza y de la felicidad, o sea de la vida.

Escuchar a Gonzaguinha, ese gran cantautor comprometido con la realidad social del Brasil, que se fue ya hace años, es también caminar por la tristeza y por la felicidad de ese país. Su canción *Mañana o después*, recuerda y reivindica a los hombres y mujeres que se entregaron por un nuevo día luchando contra la dictadura. A pesar del dolor, es una canción llena de vida. "*Mi hermano mañana o después / La gente retorna al viejo lugar / Se abraza y habla de la vida que se fue por ahí / Y cuenta los amigos en la punta de los dedos / Para ver cuántos viven y quién ya murió / Mañana o después*".

Y en *Achados e Perdidos* está la memoria de los desparecidos: "*Quién me dirá dónde está / Aquel muchacho fulano de tal / (Hijo, marido, hermano, enamorado que no volvió más) / Insisten los anuncios en las hojas de nuestros periódicos / Hallados, perdidos y muertos / Saudades demás / Mas yo pregunto y la respuesta / Es que nadie sabe / Nadie nunca vio / Solo sé que no sé / Cómo desapareció / Si es que desapareció / Si se sabe algo / Acerca de su paradero / Callejón de las libertades / Estrecho y olvidado / Una pequeña marginal / De esta inmensa Avenida Brasil*".

La música y la letra dolidas, pero vivas, de Gonzaguinha son también parte del recuerdo de quienes quedaron en el camino. Ayer, mañana o después, la felicidad y la tristeza, pueden, también, estar juntas en ese beco o callejón de las libertades, o tal vez en alguna esquina de la derrota...

❀ ❀ ❀
Felicidad caminamundos

En Brasil también es necesario irse a volver del campo. De la lucha por la tierra. La realidad de hoy, tiene sus antecedentes en la política agraria implementada por la dictadura militar entre 1965 y 1985 cuando el agro de Brasil sufrió un cambio importante por la implantación de un modelo agropecuario que apostó a modernizar el sector implantado grandes agroindustrias exportadoras en detrimento de la agricultura familiar campesina.

La destrucción de la economía familiar provocó la expulsión de millones de campesinos hacia las ciudades y el surgimiento de millones de familias "sin tierra". Al final de la década del 70 y comienzo de los 80 surge y se consolida el Movimiento de los Trabajadores Rurales Sin Tierra, tal vez el Movimiento Social más grande de América Latina. Ocupar, resistir y producir fue la consigan. Por aquellos años caminé las luchas por la tierra en el sur del Brasil... Muchos versos surgieron de eso días y surgió un pequeño librito que se llamó *Caminamundos*.

En alguna parte decía así: *la esperanza / camionando vidas / reformagrariando caminos / como chimarrao espumeando madrugadas / compañereando amores del horizonte / amaneció de gaúchos y azadas buscatierras / carpariendo riogrande / como rocío / mojarando el corazón / un día de noviembre / al sur.*

❀ ❀ ❀
Felicidad en construcción

Más allá de la felicidad y de la tristeza que *nao tem fin*, Brasil es un país de múltiples luchas a lo largo de la historia. Las luchas de los esclavos liderados por Zumbí y la creación comunitaria del Quilombo dos Palmares, la lucha independentista de Tiradentes, la Columna Prestes y su visión socialista y antifascista, las luchas contra la dictadura militar, la lucha guerrillera, la lucha por la tierra y la soberanía alimentaria de los campesinos sin tierra, la lucha en las ciudades, la lucha de los intelectuales y el gran movimiento cultural, la lucha de los sindicatos paulistas liderados por Luiz Inácio Lula Da Silva, la lucha de las comunidades de base.

. La felicidad y la tristeza también van juntas en esas luchas tantas. Finalmente, las luchas y la historia de las luchas son más vivas que la gestión de los gobiernos. Como las luchas, la música de Chico Buarque traspasa los momentos históricos. Escuchar su música, es como irse a volver de una *Construç*écada del 60 del siglo pasado, p*ao* permanente. Su música y sus letras, tal vez, sean una forma de decir que la felicidad y la tristeza están en permanente construcción...

❖❖❖
Felicidad de elites

Brasil es también un país con elites que desde su propia independencia solo han defendido sus intereses, y desde hace ya un buen tiempo caminan cediendo a la influencia estadounidense. El Golpe de Estado a Dilma Russeff en 2016 fue un ejemplo de cómo actúan las elites brasileñas. Pero también de que los gobiernos que se distancian de los sectores sociales a los que dicen defender finalmente se caen. Así ha sido, así es y así será.

Luiz Inácio Lula Da Silva, surgió de la luchas sindicales de fin de los años 70 y principio de los 80. Luchador social y político, trascendió fronteras. Hay una intervención muy interesante de Lula en

La Habana en el año 2012 en la que, recordando a José Martí, habló de la necesidad impostergable de la integración y de lograr un nuevo equilibrio en las relaciones políticas, económicas y culturales en el mundo. También comentó que al llegar a la presidencia de Brasil su primer compromiso era combatir el hambre y la miseria. *"Recuerdo que en mi primer discurso dije: yo voy a hacer primero lo necesario, después debo hacer lo posible y cuando menos se espere, nosotros vamos a estar haciendo lo imposible".*

Parece que las elites brasileñas, a veces, ni siquiera le dejaron hacer lo posible, mucho menos lo imposible. Pero, ¿qué es lo posible y lo imposible, entre la felicidad y la tristeza?

En todo caso, en esos tiempos de golpe contra Russeff, Brasil volvió a mostrar su peor cara. Esa cara peor no es la de las favelas, ni la de los pobres del nordeste, ni siquiera de la violencia urbana, su peor cara sigue siendo la de sus elites políticas y económicas. En todo caso, a pesar de ellas, y de los que se someten a ellas, y a pesar de la tristeza que no tiene fin seguramente mañana será otro día, como dice Chico Buarque.

❊ ❊ ❊
El llanero

También en los llanos venezolanos mañana puede ser otro día. Pero ahora veo que la sabana se pierde en el horizonte. La lluvia paró hace algunas semanas. Por ahí se ve el Orinoco, ese río, que según dicen es como el tiempo, parece que nunca termina. En estos llanos, los personajes y la música me traen a la memoria historias diversas. Ficción y realidad se mezclan en una geografía. Lo sé, no es necesario decir que Venezuela es más que los llanos, pero entrar por los llanos hace descansar la mirada.

Antes de seguir el camino, la mirada se concentra, el oído escucha una brisa suave, los espejismos de la sábana por lo menos por ahora no aparecen. Pero se ve una sombra que cabalga sábana adentro.

Por allá va el llanero, cabalga el llanero... Por detrás se escucha *Cunaviche adentro,* en la voz y la guitarra de Alí Primera: *"...Y va llorando el llanero / Aunque lo escuchen cantar / Canta el gallo en la mañana / Pero nadie ha averiguao / Cuando es que 'ta triste el gallo / Cabalga / Siempre el llanero / Llorando / Siempre el llanero...".*

❊❊❊
Míster Danger

Más allá del llanto del llanero, más acá del Orinoco, más allá de las corocoras y más acá de ese caney, si prestamos atención podremos escuchar a Doña Bárbara y Míster Danger conversar. Entonces él sentencia: "¿Va a hacer sus cos*as a su manera? Buena suerte Doña Bárbara, pero no se confíe mucho en sus poderes sobrenaturales. Tenga cuidado con los espejismos de la sabana...".*

Más allá, en cambio hay una fiesta. Un cantador. Un arpa. Se escucha una copla: "...*Dele al arpa compañero... Marisela, muchacha bonita, cantofino del arpa llanera, suave aroma de flor sabanera...".*

Es la película Doña Bárbara del mexicano Fernando de Fuentes, basada en la novela de Rómulo Gallegos. Me detengo en ese oscuro personaje llamado Míster Danger, una especie de "inversor" estadounidense, sin ningún escrúpulo en los llanos venezolanos. También están Doña Bárbara, interpretada por María Félix, Maricela y Santos Luzardo.

La primera edición de la novela salió en 1929. La película es de 1943. Después claro, se hicieron algunas telenovelitas... Rómulo Gallegos además de escritor fue político, presidente por poco tiempo, derrocado por un golpe de estado, exiliado en Cuba y México. Sus historias hay que ubicarlas en el contexto de esas primeras décadas del siglo XX. En esa Venezuela de desigualdades y dictaduras que se suceden. Pero qué sería del llano venezolano sin la tonada y qué sería de la tonada si no existiera Simón...

※ ※ ※
Aguaitacaminos

¿Qué sería de la tonada si no existiera Simón?, se preguntaba Alí Primera. Y nos podríamos preguntar también: ¿qué sería de la luna, de la garza mora, de la flor de araguaney?, ¿qué sería del llano, sus historias y sus leyendas?, ¿qué sería de las muchachas y del alcaraván?, ¿qué sería de la música de Venezuela y de América Latina, si no hubiese surgido un cantador e investigador musical como Simón Díaz.

Y sobre todo, ¿qué sería de la querencia...?: "*...Si mi querencia es el monte / Y mi fuerza un cimarrón / Como no quieres que cante / Como canta un corazón / Si mi querencia es el monte / Y la flor de Araguaney / Como no quieres que tenga / Tantas ganas de volver / Si mi querencia es el monte / Y una punta de ganao / Cómo no quieres que sueñe / Con el sol de los venaos...*".

La querencia es también la sabana. Entonces habría que escuchar la excelente versión de Joan Manuel Serrat interpretando *Sabana* de Simón Díaz.

Después de pasar por tantos rincones del llano en este viaje a Ítaca, hago un alto en el camino. El agüita del rio siempre refresca la mirada y el pensamiento. Luego, como el cabrestero, seguimos viaje por este país... hacia el futuro, o sea hacia el pasado, unien-

49

do hilos mientras vamos construyendo el telar de la memoria. La memoria de un país que pide que le dejen caminar solo, que no aparezca un Míster Danger a meterse en el llano, en los pozos petroleros o donde sea.

Pero antes de seguir, escuchemos nuevamente, despacito nomás, a Simón Díaz interpretar *Garcita*: "*...Me voy camino a Garcita / Donde están los comederos / Donde la palma y el río aumentan mi desespero / Río crecido, río crecido rebaja tu tempestad / que los chinchorros denoche, se mueren de soledad / Fruta e' palma, fruta e' palma / Acompáñame al andar / Que contigo y mis sudores es más bonito llegar / Bebe, bebe cabrestero, bebe de mi Morichal / que muchos guaita caminos te faltan para llegar...*".

Muchos aguaitacaminos nos faltan para llegar, pero tal vez nunca lleguemos. Sin embargo, así no lleguemos nunca, hay que seguir y seguir caminado,. Seguir y seguir la gueya diría don Atahualpa Yupanqui.

Ojalá no cante ningún aguaitacaminos mientras caminamos. No creo que sea ave de mal agüero, pero por las dudas mejor que solo nos miren, no canten...

Según dicen por ahí, cuando uno se cruza con el aguaitacaminos y canta, la cosa no vendrá buena, o mejor dicho, vendrá bastante malita... Así que mejor no cante este buen amigo. No vaya a ser que se aparezca otro Míster Danger...

❊❊❊
Ifigenia

Mientras Rómulo Gallegos escribía sobre una Venezuela, Teresa de la Parra escribía sobre otra. Rompía esquemas literarios y hablaba de los derechos y problemas que enfrenta la mujer. Su novela *Ifi-*

genia salió en 1924, cinco años antes que Doña Bárbara. El cineasta venezolano Iván Feo, hizo una película basada en la novela. Hay algunas frases de la novela que quedaron en el tiempo, pero una sigue ahí: "*Así de pequeñas son las cosas. En cambio lo que se ha dejado de vivir... Una vez vi un dibujo en un libro: había en ese dibujo dos niños acurrucados bajo un árbol esperando que pasara la lluvia, muy junticos... Es que en la vida siempre llueve María Eugenia. La cuestión no es dónde vamos a escampar, sino escampar con alguien que pueda estar muy cerca de nosotros mientras dura la lluvia...*".

Teresa es joven, tiene todo el sudor en el cuerpo y espera que la vida sea menos fría que el invierno europeo. Su cuerpo y su lápiz arden en Venezuela, mientras Venezuela arde con sus decires. En todo caso, con las arpas de fondo seguimos nuestro camino a Ítaca. Queda mucho recorrido por delante...

❖ ❖ ❖
Chávez

Nos fuimos a volver y seguimos caminado por Venezuela. Una Venezuela de música y poesía. De ritmos, símbolos y ritos. De caminos compartidos y colectivos. De historias y leyendas. De rebeldes y rebeliones. Vamos y venimos de Venezuela. Del llano al valle de Caracas. De Caracas al llano. De la música a la literatura. De la literatura al cine. De los espejismos sabaneros a la realidad. De Venezuela a Venezuela. Pero seguimos caminando. Por suerte no ha cantado ningún aguaitacaminos. Sigamos entonces al lucero de la mañana para ver a dónde nos lleva.

Estamos en febrero de 1992, en la redacción del periódico *Mate Amargo* de Montevideo cerrando las últimas páginas, cuando de pronto surge la noticia de un levantamiento militar en Venezuela.

La información es confusa y las especulaciones surgen rápidas. La derecha habla de intento de golpe de estado, gran parte de la izquierda compara a los rebeldes con los carapintadas argentinos que impusieron su mirada fascista a los gobiernos de Raúl Alfonsín y Carlos Menem, muchos no entienden lo que está pasando y algunos decidimos reivindicar el derecho a la duda. Aunque el periódico está casi cerrado, no podemos obviar el hecho: hay que escribir al respecto y acepto el desafío.

Desde un comienzo no creo que se trate de un intento de golpe de estado como los que padecimos en el sur del continente. El lenguaje utilizado tampoco tiene semejanzas con el de los carapintadas y el gobierno corrupto de Carlos Andrés Pérez, que profundizó la brecha entre pobres y ricos, no inspira ninguna confianza. La rebelión es derrotada. Chávez, Hugo Chávez, así se llama el líder de los rebeldes que queda en la historia. Sus palabras quedan en la geografía venezolana: "*Compañeros, lamentablemente por ahora, los objetivos que nos planteamos no fueron logrados en la ciudad capital. Es decir, nosotros acá en Caracas, no logramos controlar el poder. Ustedes lo hicieron muy bien por allá, pero ya es tiempo de evitar más derramamiento de sangre. Ya es tiempo de reflexionar. Y vendrán nuevas situaciones, y el país tiene que enrumbarse definitivamente hacia un destino mejor. Oigan mi palabra, oigan la palabra del comandante Chávez, que les lanza este mensaje, para que por favor reflexionen y depongan las armas. Porque ya en verdad los objetivos que nos hemos trazado a nivel nacional es imposible que los logremos. Compañeros oigan este mensaje solidario. Les agradezco su lealtad, les agradezco su valentía, les agradezco su desprendimiento, y yo ante el país y ante ustedes asumo la responsabilidad de este movimiento militar bolivariano...*".

El alto mando de las fuerzas armadas venezolanas, sale triunfante en el corto plazo al reprimir a los rebeldes, defendiendo el orden establecido por la democracia neoliberal de Carlos Andrés Pérez. Como antes había defendido la propiedad privada a sangre y fuego ante la llegada de los desesperados que bajaron de los morros en el Caracazo de 1989, con miles de muertos y decenas de desaparecidos en el camino. De las palabras de los rebeldes y las movilizaciones paralelas en algunas ciudades, se nota una vinculación con la historia de las luchas populares. Cuando reivindican a Bolívar no es al militar lleno de latones, es un Bolívar humano, no una estatua con uniforme. Es un Bolívar mucho más cercano al que le canta *Serenata Guayanesa* en *El niño Simón*.

A la hora de juntar las piezas del rompecabezas para escribir mi artículo, encuentro un discurso distinto de los militares bolivarianos, encuentro un gobierno corrupto apoyado por una cúpula militar desgastada, encuentro un modelo económico que consumió la riqueza del petróleo entre pocos, encuentro el *Caracazo* como respuesta inorgánica a ese modelo, y la represión como respuesta orgánica al desespero de la gente. Encuentro también el fantasma de una izquierda perdida en el discurso de una supuesta socialdemocracia. En fin, una historia que da pautas para armar el rompecabezas hacia el futuro...

Pasará el tiempo y aquel rebelde, Hugo Chávez, luego de estar preso, llegará a la presidencia de Venezuela. En los caminos de las luchas y de la vida, se encuentra con Míster Danger o mejor dicho, con el Señor Peligro. Pero, ¿este Míster Danger es el mismo del llano? ¿Es aquel de la novela de Rómulo Gallegos o algún descendiente? Tal vez si nos vamos a volver podremos descubrir de quién se trata.

❊❊❊
Sigamos juntos

La figura de Hugo Chávez crece a nivel internacional. Su mirada estratégica hacia la integración de América Latina, la construcción de un mundo multipolar, la revitalización de la Organización de los Países Productores de Petróleo, el arraigo a nivel social en su país, Latinoamérica y el Caribe, la construcción de un proyecto soberano y su creciente influencia política en la región lo pusieron en la mira de Estados Unidos.

Entonces, empezó el trabajo interno y externo para tratar de derrocarlo incluyendo golpe de estado. Pero su presencia política se fortaleció a nivel mundial. Varias veces conversamos sobre el futuro de América Latina, y siempre vi en él al mayor estratega político de la región en las últimas décadas. Alguien que miraba lejos.

Un día conversando largo con José "Pepe" Mujica, me decía que Chávez es la persona más solidaria que ha conocido: *"...a mí me preocupa mucho Venezuela por varias cosas, pero además está todo lo que sembró Chávez, todo, el más colosal batallador por la Integración Latinoamericana, sin duda. El gobierno más generoso que he conocido en la historia política en los años en que puedo medir la historia de América Latina".*

Venezuela ha sido acosada. Los intentos de intervención se suceden. ¿Hay derecho que se meta alguien de afuera en Venezuela? ¿Tienen derecho a querer intervenir en ese país? Pepe Mujica es claro: "¡No tienen ningún derecho! *Pero además esto es sarcástico, muy sarcástico, porque los errores y los motivos de los venezolanos son muy de ellos y son ellos los que lo tienen que solventar, y, ¡qué joden con la Democracia en Venezuela y no dicen una sola palabra de lo que pasa en otros lados! No dicen nada, ¿verdad? Pero sobran ejemplos para señalar a Venezuela, pequeñas verrugas al lado de los desastres que se han provocado en el mundo. Ahí no dicen nada, porque son potencias que influyen en las decisiones del mundo de hoy las que cometen esos desastres. Entonces no puedo considerar la tolerancia de Estados Unidos con algunos países que son sus amigos. Es una política bastante cínica la de utilizar los derechos humanos. ¡No me jodan! ¿Los derechos humanos? Si vemos en los últimos años, Estados Unidos y sus aliados tienen un balance nefasto. Donde intervinieron no hay otra cosa que desastre, desarticulación: Afganistán, Iraq, Libia, Siria... ¡Mira lo que hicieron! Apuesto que el modelo que tienen de paz en Siria es la balcanización, hacer lo que hicieron en Yugoslavia, balcanizarla, aprovechar una Siria Chiita, otra Sunita, Kurdistán y después atomizados utilizarlos de uno en uno... Que Dios me perdone, pero esa película también la hemos visto muchas veces...".*

Los hilos del tiempo me llevan al canto de Solimar Cadenas, que se fue joven, muy joven hace pocos años. Su voz dulcemente revolucionaria, se quedó en Venezuela y en la América Latina. Sigamos Juntos, de Nascuy Linares y Carlos Díaz se escucha detrás de las banderas: *"Si luché por libertad / Si morí si vencí / Si viví para cantar / si soñé si creí / Si Simón me acompaño entre montes y ciudades / en la esperanza y la soledad / Si nacimos para amar / Si elegimos el futuro y el nombre de la patria / Si encontré lo que perdí / Sigo aquí / Si labraremos la tierra y dormiremos en paz / Despertaremos felices un canto de libertad / Si logramos nuestro triunfo / Sigamos juntos, sigamos juntos, sigamos juntos...".*

❋ ❋ ❋
Viaje al origen

Seguimos juntos en este viaje a Ítaca. Regresamos de Venezuela y nos vamos a volver por otros caminos o tal vez el mismo. Todos los caminos son el mismo aunque no lo sean. Siempre estamos yendo a volver y siempre estamos regresando de muchos lugares, reales o imaginados. Muchas veces regresamos sin regresar. A veces incluso viajamos a la raíz tratando de regresar a la tierra. Otras veces en cambio, viajamos a la semilla para regresar al origen. La semilla es, para los campesinos, el origen de su vida, de sus sembríos, de su tierra. Sembrar es una forma de viajar al origen mismo de la vida. Es una forma de irse al origen. Cosechar en cambio es una forma de retornar del origen. De volver del origen. Sembrar y cosechar es como irse a volver de la semilla. La siembra y la cosecha son parte de la semilla. La semilla es el inicio. La semilla es una mujer que siembra y se siembra...

La canción *Siembra*, del grupo costarricense Rialengo es un homenaje a las mujeres y hombres que se dedican a la pequeña agricultura y que cada día, anónimos, tal vez olvidados, siembran más del 60 por ciento de los alimentos que se consumen en América Latina. El camino sigue, nos vamos a volver de la siembra y de la cosecha.

❊❊❊
Plegaria a un labrador

La siembra es un acto de vida olvidado. Pero mañana, o sea ayer, como hoy, hay quienes cantan a los que siembran. Hay canciones que también se siembran, como las de Víctor Jara, sembrado y sembrando siempre en el recuerdo. Tal vez en septiembre mucho más. Escuchar *Plegaria a un labrador* y de fondo el ruido de un disco de vinil, cuyos surcos tienen a su vez muchos surcos, es como escuchar las huellas de la vida de tantos campesinos y campesinas, es como escuchar las huellas de la vida...

Escuchar sus palabras y su canción saltando surcos en el acetato, es como escuchar la voz del labrador mientras va sembrando los surcos de la tierra. "*Y bueno, uno nunca sabe de pronto cuando nace una canción. Uno no sabe, no lo planifica, de pronto vienen cosas. Sí debo decir que cuando yo estuve por allá por la tierra de Cuzco. Pareciera que siempre estuve por ahí. Y pareciera que hubiera estado por ahí cuando hice esta canción que se llama Plegaria a un labrador".*

La canción dice: "*Levántate y mira la montaña / de donde viene el viento, el sol y el agua. / Tú que manejas el curso de los ríos, / tú que sembraste el vuelo de tu alma. / Levántate y mírate las manos / para crecer estréchala a tu hermano. / Juntos iremos unidos en la sangre / hoy es el tiempo que puede ser mañana... ".*

❀❀❀
Viaje a la semilla

Viajar a la semilla, o sea irse a volver de la semilla, también puede ser retornar al vientre de la madre, caminar hacia el futuro yendo al pasado. Alejo Carpentier intentó realizar ese viaje en un cuento. Bueno, en realidad no él sino uno de sus personajes. Marcial viajó en el tiempo desde la muerte hasta el vientre de su madre, pasando por su juventud y su infancia en un recorrido fantástico.

Al caminar el tiempo hacia atrás, Carpentier de alguna forma se pregunta y nos pregunta qué pasaría si después de la muerte volviéramos a empezar de nuevo y así poder construir una historia distinta a la anterior, una historia alternativa a la ya vivida. Así sucesivamente, cuantas veces se crea necesario.

Carpentier proponía volver a la semilla una y otra vez. En ese viaje de regreso, tal vez en la niñez se pueda encontrar a Melchor, un calesero que tal vez sea la imagen de un viejo rey mago.

"*Melchor venía de muy lejos. Era nieto de príncipes vencidos. En su reino había elefantes, hipopótamos, tigres y jirafas. Ahí los hombres no trabajaban, como Don Abundio, en habitaciones obscuras, llenas de legajos. Vivían de ser más astutos que los animales. Uno de ellos sacó el gran cocodrilo del lago azul, ensartándolo con una pica oculta en los cuerpos apretados de doce ocas asadas. Melchor sabía canciones fáciles de aprender, porque las palabras no tenían significado y se repetían mucho. Robaba dulces en las cocinas; se escapaba, de noche, por la puerta de los cuadrerizos, y, cierta vez, había apedreado a los de la guardia civil, desapareciendo luego en las sombras de la calle de la Amargura. En días de lluvia, sus botas se ponían a secar junto al fogón de la cocina. Marcial hubiese querido tener pies que llenaran tales botas. La derecha se llamaba Calambín. La izquierda, Calambán. Aquel hombre que dominaba los caballos cerreros con sólo encajarles dos dedos en los belfos; aquel señor de terciopelos y espuelas, que lucía chisteras tan altas, sabía también lo fresco que era un suelo de mármol en verano, y ocultaba debajo de los muebles una fruta o un pastel arrebatados a las bandejas destinadas al Gran Salón. Marcial y Melchor tenían en común un depósito secreto de grageas y almendras, que llamaban el 'Urí, urí, urá', con entendidas carcajadas".*

❊❊❊
Viaje a la agricultura

Melchor el Mago también venía de muy lejos, como sus amigos Gaspar y Baltazar. Por ahí cerquita de dónde aparecieron los magos reyes, pero mucho, muchísimo antes, el ser humano realizó una de sus mayores creaciones cuando viajo a la semilla para domesticarla y surgió la agricultura. No fue magia de reyes magos.

Hace unos 10.500 años, en el territorio de los que hoy es Irak, el ser humano se fue a volver de la semilla de trigo y surgieron las plantaciones de trigo. Luego en Asia el ser humano decidió irse a volver de la semilla de arroz y surgieron las plantaciones de arroz.

En América el ser humano decidió irse a volver de la semilla de maíz y surgieron las plantaciones de maíz.

Hasta ahí, durante casi cuatro millones de años la humanidad se había alimentado con la caza y la pesca, yendo de un lugar a otro, completando su alimentación con la recolección de algunas plantas silvestres. Pero de un momento a otro en diversas regiones a alguien se le ocurrió plantar las semillas, regarlas, esperar que crezcan y recolectar la planta.

En el Valle de Tehuacán, en Puebla fueron encontradas las muestras más antiguas de maíz cultivado. Variedad de especies que tienen más de 7.000 años. Los aztecas creían que la humanidad fue creada cinco veces. En la quinta generación los seres humanos domesticaron el maíz y, por lo tanto, fue su principal alimento y sus descendientes poblaron el mundo. Cuentan que hace miles de años antes de la llegada de Quetzalcóatl, los aztecas sólo comían los animales que cazaban y algunas plantas. Pero la población empezó a crecer y el alimento a faltar.

Ellos sabían que había un grano sabio escondido en la montañas, en un lugar al cual no podían acceder. Pidieron así a los dioses que intentaran separar las montañas para poder llegar, pero estos no pudieron.

Decepcionados, decidieron pedirle al nuevo dios Quetzalcóatl que les trajera el ansiado grano. Este en lugar de intentar separar las montañas, preguntó a una hormiga roja en qué lugar exacto estaba el maíz. Luego de negarse algunas veces, ésta decidió enseñarle el lugar escondido en las montañas. Para acompañarla Quetzalcóatl se transformó en una hormiga negra y así, las dos hormiguitas, venciendo mil dificultades, finalmente llegaron al lugar. Quetzalcóatl tomó un grano maduro entre sus mandíbulas y emprendió el regreso hacia la aldea. Al llegar, entregó el grano de maíz a los aztecas, quienes plantaron la semilla y obtuvieron la primera planta. Desde aquel momento, veneraron a Quetzalcóatl, que les llevó el maíz.

Desde entonces sembraron y cosecharon miles y miles de veces, y surgieron muchas variedades, y el maíz fue alimento e identidad de los pueblos de lo que hoy es México. Pero ya en nuestros días apareció un nuevo dios, el dios del Libre Comercio, conocido por esas tierras como TLCAN, que arrebató a los mexicanos el grano sabio. Así, México fue invadido por un maíz extraño llamado transgénico llegado desde el país del norte.

Los mayas, en cambio, dicen que hubo varios intentos de los dioses para crear los seres humanos. Primero fueron de barro, después de madera y finalmente de maíz blanco y amarillo. Los mayas son hijos del maíz.

Los Incas también tienen un mito para explicar el origen del maíz. El Dios Sol, el Inti, envió a su hijo Manco Capac y a su hija Mama Ocllo para que enseñaran a los seres humanos el arte de la agricultura. En el Valle del Cuzco crecieron las primeras plantas de maíz.

En China hay varios mitos sobre el origen del arroz. Se dice que la población pasaba una gran hambruna. Entonces la diosa Guan Yin tuvo piedad de la gente y decidió exprimir sus senos para darle su leche de alimento. Pero la leche primero flotó en el aire, entró en las semillas vacías de arroz y surgieron los granos de arroz. En Indonesia se dice que la diosa que protegía al pueblo del hambre fue asesinada y quemada. Cuando su cuerpo se estaba quemando brotó el arroz de sus ojos y las plantas de sus senos. En Vietnam cantadores y poetas le escribieron y cantaron al arroz.

El revolucionario vietnamita Ho Chi Minh en sus poemas y escritos de la cárcel recordó la importancia del arroz, como alimento y parte fundamental de la cultura de su pueblo. Su palabra sabia se hizo poesía: "*Solo una taza de arroz para cada comida / Día y noche llora de hambre el estómago / Tres yuanes de arroz blanco no alcanzan para nada / La leña se vende como si fuera canela / y el arroz como si fuera perlas. / Cuando llegué, los arrozales estaban verdes / Ahora es ya el otoño y casi ha terminado la cosecha / En todas partes resplandecen la caras, / las sonrisas de los campesinos / Y se oyen canciones y risas / A través de los campos de arroz. / Cuánto debe sufrir el arroz bajo el triturador / Pero después de molido es blanco como el algodón / A menudo le sucede lo mismo a los hombres de este mundo / El aprendizaje de la desgracia los convierte en jade pulido".*

❖ ❖ ❖
La canción siembra

Muchas canciones, poesías y pinturas se hicieron a la siembra en el mundo. Luego fueron siembra y cosecha en los caminos. Ahora podemos recordar la voz siempre viva de Mercedes Sosa cantándole a la siembra general de la América Latina, junto con el dúo brasileño Kleiton y Kledir: *"mi guitarra es el arado que siembre en la oscuridad"*.

En la zarzuela *La Rosa del Azafrán*, de Federico Romero Sarachaga y Guillermo Fernández-Shaw Iturralde, basada en *El perro del hortelano* de Lope de Vega, podemos escuchar la *Canción del Sembrador* que dice: "*Cuando siembro voy cantando, porque pienso que al cantar, con el trigo voy sembrando mis amores al azar*".

En Escocia, en cambio, dicen que cierta vez durante una discusión el escritor Robert Louis Stevenson dijo: "*No juzgues el día por la cosecha que has recogido, sino por las semillas que has plantado*". Nietzsche, por su parte: "*Todo el que disfruta cree que lo que importa del árbol es el fruto, cuando en realidad es la semilla*".

Pero ahora podemos ir a la provincia de Jujuy en Argentina. Así, regresamos al maíz y a la realidad de los campesinos que plantan el maíz, o maís como dicen los protagonistas de *La última siembra*, una película del cineasta argentino Miguel Pereira que muestra la dura vida del labrador. Una historia de hoy y de siempre. De Chauki, el labrador de Jujuy en esa película, podemos caminar hacia a España, a la poesía de Miguel Hernández, a escuchar *El niño yuntero* en la voz de Paco Valladares.

Pero ¿qué sería de la semilla sin la tierra? ¿Qué sería de los campesinos, sin tierra donde plantar? Ahora, en busca de respuestas, o de más preguntas, podríamos escuchar a la cantante colombiana Marta Gómez interpretar *Tierra, tan solo*, basada en un poema de Federico García Lorca. ¿Qué sería de la semilla y de la tierra y de los campesinos sin el agua? La guerra por el agua es permanente. Su propiedad es y será poder.

Planeta Agua, dice el cantautor brasileño Guilherme Arantes y canta*: Água que nasce na fonte serena do mundo / E que abre um profundo grotão / Água que faz inocente riacho / E deságua na corrente do ribeirão / Águas escuras dos ríos / Que levam a fertilidade ao sertão / Águas que banham aldeias / E matam a sede da população / Águas que caem das pedras / No véu das cascatas, ronco de trovão / E depois dormem tranquilas / No leito dos lagos / Água dos igarapés / Onde Iara, a mãe d'água / É misteriosa canção / Água que o sol evapora / Pro céu vai embora / Virar nuvens de algodão / Gotas de água da chuva / Alegre arco-íris sobre a plantação / Gotas de água da chuva / Tão tristes, são lágrimas na inundação / Águas que movem moinhos / São as mesmas águas que encharcam o chão / E sempre voltam humildes / Pro fundo da terra / Terra! Planeta Água.*

Hoy, la semilla, el agua, la tierra y el labrador corren peligro en el mundo. Se está substituyendo el sabio saber ancestral por el interesado saber de las multinacionales transgénicas. Se está llevando a que un par de grandes grupos transnacionales ejerzan el poder sobre la vida del mundo, el control sobre la semilla y sobre los alimentos. Esos grupos se están apropiando de las semillas. Sus pesticidas crean dependencia. Los campesinos quedan a un lado.

Cinco empresas controlan la producción y comercio de la semillas y los paquetes químicos. Roundop o Glifosato es uno de los principales químicos de la dependencia. La banda colombiano-argentina Che Sudaka hizo una canción que describe el significado del glifosato: *cuatro años tu campo te va a durar, / poco a poco un desierto habrá en su lugar. / Glifosato, matando la tierra / todas las especies que solían crecer ya no volverán / mientras tanto, las multinacionales / a costa de la vida de millones sus bolsillos llenarán".*

Vamos y Venimos de la cosecha. Vamos y venimos de la semilla. Del maíz, al arroz. Del arroz al trigo. Del trigo al maíz. De la semilla a la semilla. De la siembra a la palabra. De la palabra a la cosecha. La palabra siembra en el campo y la ciudad.

❊❊❊
Hiroshima mon amour

Sigo viaje porque Ítaca todavía está distante. Si me voy a volver por las ciudades: ¿dónde estará la siembra y la cosecha? ¿Dónde se esconderá la semilla?

Hay ciudades que ya no existen. Hay ciudades que son parte de la imaginación. Hay ciudades bajo fuego. Ciudades de fuego. Hay ciudades en las cuales se derriten los pensamientos cuando la lluvia moja. Hay ciudades que ni lloviendo miles de siglos lograrán limpiar la tristeza contenida. Hay ciudades grises y ciudades de colores. Hay ciudades que se autodestruyen lentamente. Hay ciudades que se destruyen, hay vidas que se destruyen en las ciudades, hay historia destruidas en la historia de las ciudades. Hiroshima... ¿Hiroshima es una ciudad? Tal vez Hiroshima sea una ciudad. ¿Cuántas Hiroshimas hay después de Hiroshima?

A una Hiroshima le cantó el brasileño Ney Matogroso con el grupo *Secos y Molhados*: "*Pensem nas crianças / Mudas telepáticas / Pensem nas meninas / Cegas inexatas / Pensem nas mulheres / Rotas alteradas / Pensem nas feridas / Como rosas cálidas / Mas, oh, não se esqueçam / Da rosa da rosa / Da rosa de Hiroshima / A rosa hereditária / A rosa radioativa / Estúpida e inválida / A rosa com cirrose / A anti-rosa atômica / Sem cor sem perfume / Sem rosa sem nada*".

"*No olviden a la rosa de Hiroshima, la rosa hereditaria*", dice Ney Matogroso en esa vieja canción, joven canción... La rosa de Hiroshima todavía quema en el horizonte. Quema en el horizonte que está a nuestras espaldas y en el horizonte que está enfrente. El horizonte puede estar en cualquier lado. Hiroshima puede estar en cualquier lado. Hiroshima está a nuestro lado. Mon amour, Hiroshima mon amour.

Marguerite Durás creó la historia Alain Resnais la hizo película. La memoria y el olvido de una ciudad, de un mundo se reflejan a través de la relación de una francesa y un japonés en Hiroshima. Hiroshima es la ciudad de un futuro que ya pasó. La guerra y la paz son imágenes en medio del amor. La guerra, la paz y el amor son una ciudad. Hiroshima es la ciudad de una historia que no tiene fin. Cómo olvidar entonces aquel diálogo en el que ella dice: "¿Contra quién, la cólera de ciudades enteras? La cólera de ciudades enteras tanto si lo quieren como si no, contra la desigualdad establecida como principio de ciertos pueblos contra otros pueblos, contra la desigualdad establecida como principio por ciertas razas contra otras razas, contra la desigualdad establecida como principio por ciertas clases contra otras clases".

¿Cómo olvidar aquellas intensas palabras en la voz de Emmanuelle Riva? Estas palabras, ¿cómo olvidar estas palabras?:

"Te encuentro. Me acuerdo de ti. Esta ciudad está hecha a la medida del amor. Tú estabas hecho a la medida de mi propio cuerpo. ¿Quién eres? Me estás matando. Estaba hambrienta. Hambrienta de infidelidades, de adulterios, de mentiras y de morir. Desde siempre. Ya me imaginaba que un día tropezaría contigo. Y te esperaba con una impaciencia sin límites, sosegada. Devórame. Defórmame a imagen tuya para que nadie más, después de ti, comprenda ya en absoluto la razón de tanto deseo. Vamos a quedarnos solos, amor mío. La noche no tendrá fin. El día no amanecerá ya para nadie. Nunca. Nunca más. Por fin. Me estás matando. Eres mi vida. Lloraremos al día muerto con conocimiento y buena voluntad. No tendremos ya nada más que hacer, nada más que llorar al día muerto. Pasará tiempo. Solamente tiempo. Y vendrá un tiempo. Vendrá un tiempo en que ya no sabremos dar un nombre a lo que nos una. Su nombre se irá borrando poco a poco de nuestra memoria. Y luego, desaparecerá por completo".

¿Desapareció Hiroshima después de desaparecer? ¿Se marchitó la rosa de Hiroshima después de crecer? ¿Dónde queda Hiroshima? ¿En qué lugar del futuro está?

❊ ❊ ❊
Ciudades de la furia

¿Ciudades para qué? Se preguntaron algún día Astor Piazzola y Amelita Baltar: "*Ciudades, fundadas para odiar / Ciudades, tan altas, ¿para qué? / Ciudades, cada vez de pie / Ciudades, al polvo volverán*".

Después, bastante después de que ellos se preguntaran para qué las ciudades. La ciudad se transformó en el eje central de la vida de muchos países. Dejó de ser un lugar y se transformó en un personaje que, unas veces puede devorar y otras olvidar a las personas que transitan por ella. La ciudad actual alberga a seres nómadas, habitantes del mundo antes que del barrio. Inquilinos de la vida que caminan por ella con la incertidumbre a cuestas y la soledad a flor de piel. Tipos humanos que se cuestionan su pertenencia a un lugar pero se adaptan al viaje. Todas las ciudades les pertenecen y sin embargo no les pertenece ninguna. Son los eternos viajeros de un tiempo marcado por el desarraigo. Por la amistad vía facebook, la realidad vivida en twitter, la memoria recuperada en selfie, instagram o cualquiera de esas redes sociales que pueden ser antisociales. La globalización puso todas las ciudades al alcance de la mano y sin embargo las alejó de la sensibilidad, las deshumanizó. Entonces ocurre, puede ocurrir, que la gente se encuentra y desencuentra en la ciudad de la furia, como alguna vez le ocurrió a Gustavo Cerati y Soda Stereo: *"Me verás volar / por la ciudad de la furia / donde nadie sabe de mi / y yo soy parte de todos. / Nada cambiará / con un aviso de curvas / ya no hay fabulas / en la ciudad de la furia".*

❋ ❋ ❋
Fervor de Buenos Aires

La Ciudad de la Furia de Cerati tiene un punto de encuentro con otra ciudad, que en realidad es la misma pero muchos años antes, en 1923, la ciudad poética de Jorge Luis Borges en *Fervor de Buenos Aires*.

El prólogo escrito por Borges para una edición de 1969, describe la importancia que tuvo y tiene ese libro en el que la ciudad es el escritor y viceversa: "*No he reescrito el libro. He mitigado sus excesos barrocos, he limado asperezas, he tachado sensiblerías y vaguedades y, en el decurso de esta labor a veces grata y otros veces incómoda, he sentido que aquel muchacho que en 1923 lo escribió ya era esencialmente -¿qué significa esencialmente?- el señor que ahora se resigna o corrige. Somos el mismo; los dos descreemos del fracaso y del éxito, de las escuelas literarias y de sus dogmas; los dos somos de Schopenhauer, de Stevenson y de Whitman. Para mí, Fervor de Buenos Aires prefigura todo lo que haría después. Por lo que dejaba entrever, por lo que prometía de algún modo, lo aprobaron generosamente Enrique Díez-Canedo y Alfonso Reyes. Como los de 1969, los jóvenes de 1923 eran tímidos. Temerosos de una íntima pobreza, trataban, como ahora, de escamotearla bajo inocentes novedades ruidosas. Yo, por ejemplo, me propuse demasiada finesa: remedar ciertas fealdades (que me gustaban) de Miguel de Unamuno, ser un escritor español del siglo XVII, ser Macedonio Fernández, descubrir las metáforas que Lugones ya había descubierto, cantar un Buenos Aires de casas bajas y, hacia el poniente o hacia el sur, de quintas con verjas. En aquel tiempo, buscaba atardeceres, los arrabales y la desdicha; ahora, las mañanas, el centro y la serenidad".*

En 1976, agrega otras palabras a ese argumento y sigue construyendo su propia ciudad. Las palabras también son la ciudad: "*Lo que yo he hecho después es reescribir ese primer libro, que no tiene mayor valor, pero que luego ha ido dilatándose, ramificándose, enriqueciéndose. Y creo que ahora puedo jactarme de haber escrito algunas páginas válidas, alguno que otro poema, y ¿qué más puede pedir un escritor?, porque aspirar a un libro ya es demasiado... Una vez escrito algo ya está lejos de mi. Cuando yo escribo lo hago urgido por una necesidad íntima. Yo no pienso en un público selecto ni en un público de multitudes. Pienso en expresar lo que yo quiero decir y trato de hacerlo del modo más sencillo posible. No al principio. Cuando yo empecé a escribir era un joven barroco como todos los jóvenes lo son, por timidez. Es decir, el escritor joven sabe que lo que dice no tiene mucho valor y quiere esconderlo simulando ser un escritor del siglo XVII, o del siglo XX digamos (sonríe). Pero ahora yo no pienso ni en el XVII ni en el XX, trato simplemente de expresar lo que quiero y trato de hacerlo con las palabras habituales. Porque solo las palabras que pertenecen al idioma oral son las que tienen eficacia. Es un error suponer que todas las palabras del diccionario pueden usarse. Por ejemplo, en el diccionario se ve como sinónimas la palabra azulado, azu-*

lino, azuloso y creo que azulenco también. La verdad es que no son sinónimas. La palabra azulado puede usarse porque es una palabra común que el lector acepta, en cambio si yo pongo azuloso o si pongo azulino, no, son palabras que van en dirección contraria. Así que la única que puede usarse es azulado, porque es una palabra común que se desliza con las otras. Si yo pongo azulino, por ejemplo, es una palabra decorativa, es como si yo pusiera de pronto una mancha azul en la página. No es una palabra licita. Es un error escribir con el diccionario. Uno debe escribir con el idioma de la conversación, con el idioma de la intimidad. A eso se llega con el tiempo, porque es muy difícil que un joven escritor se resigne a escribir con palabras comunes. Posiblemente haya palabras que son comunes para mí y no lo son para otros, porque cada grupo humano tiene su dialecto, cada familia. Posiblemente hay palabras que para mí son comunes y no son para otros... Lo barroco se interpone entre el escritor y el lector. Podría decirse que lo barroco tiene un pecado de vanidad. Si un escritor es barroco, es como si pidiera que lo admiraran. Se le siente al arte barroco como un ejercicio de la vanidad, siempre. Aún en el caso de los más grandes como John Donne y Quevedo. Se siente esa vanidad o soberbia. Hay como una súplica para que lo admiren, o está pidiendo un tributo, lo que es peor todavía. Aunque los dos casos son desagradables".

¿Y qué son las calles de Buenos Aires en el fervor del poeta?: "Las calles de Buenos Aires / ya son mi entraña. / No las ávidas calles, / incómodas de turba y ajetreo, / sino las calles desganadas del barrio, / casi invisibles de habituales, / enternecidas de penumbra y de ocaso / y aquellas más afuera / ajenas de árboles piadosos / donde austeras casitas apenas se aventuran, / abrumadas por inmortales distancias, / a perderse en la honda visión de cielo y llanura. / Son para el solitario una promesa / porque millares de almas singulares las pueblan, / únicas ante Dios y en el tiempo y sin duda preciosas. / Hacia el Oeste, el Norte y el Sur / se han desplegado -y son también la patria- las calles; / ojalá en los versos que trazo / estén esas banderas".

Tal vez la furia sea una bandera. Tal vez las ciudades de la furia sean banderas en el mundo de hoy. Tal vez las banderas sean parte de la furia. Tal vez ya no haya fervor, solo furia, tal vez ya no importen las banderas en medio de la furia colectiva...

❖ ❖ ❖
Metáforas de Woody Allen

El fervor y la furia puede ser un sentimiento o la imagen colectiva de la ciudad. De aquella ciudad escrita y descripta por Borges en 1923 podemos ir a 1979, a la ciudad de Woody Allen. Del fervor de Borges al fervor de Allen. De la furia de Buenos Aires a la furia de Nueva York. La película Manhattan es un homenaje en blanco y negro de Woody Allen a la ciudad que siempre ha querido, y en particular a Manhattan. ¿Cómo olvidar aquel comienzo?

"Capítulo primero: Él adoraba la ciudad de Nueva York. La idolatraba fuera de toda proporción. No, digamos que la romantizaba fuera de toda proporción. Mejor. Para él, sin importar qué estación era, ésta aún era una ciudad que existía en blanco y negro, y que latía al son de las melodías de George Gershwin. No, comenzaré de nuevo.

Capítulo primero: Él era muy romántico respecto a Manhattan como lo era con respecto a todo lo demás. Medraba en el ajetreo y bullicio de las multitudes y el tráfico. Para él, Nueva York significaba mujeres bellas y hombres experimentados quienes parecían conocer todos los ángulos. No, no, banal. Muy banal para mi gusto. Intentaré profundizar más.

Capítulo primero: Él adoraba la ciudad de Nueva York. Para él, era una metáfora de la decadencia de la cultura contemporánea. La misma falta de integridad individual que provocaba que tanta gente tomara el camino fácil convertía rápidamente a la ciudad de sus sueños en... No, va a parecer un sermón. Aceptémoslo, quiero vender libros.

Capítulo primero: Él adoraba la ciudad de Nueva York aunque para él, era una metáfora de la decadencia de la cultura contemporánea. Cuán difícil era existir en una sociedad insensibilizada por música estridente, televisión, delincuencia, basura. Mucho enojo. No quiero sonar enojado.

Capítulo primero: Él era rudo y romántico como la ciudad que amaba. Detrás de sus lentes de armazón negro vivía el poder sexual de un felino. Esto me encanta. Nueva York era su ciudad. Y siempre lo sería".

Unos 22 años después de que se estrenara *Manhattan* de Woody Allen, el 11 de septiembre de 2001 fueron derribadas las torres gemelas. Para algunos un símbolo de la ciudad. Una acción terrorista similar a la que ocurrió en Hiroshima en agosto de 1945. Del aire llegó la muerte a las dos ciudades. En Hiroshima la devastación fue total, los muertos y las consecuencias hacia el futuro peores. Pero el camino de Hiroshima a Nueva York, tal vez sea el mismo...

※※※
La Aurora

Seguimos el camino a Ítaca, pero nos quedarnos en Nueva York, porque hay ciudades que se autodestruyen lentamente. Hay ciudades que se destruyen en las guerras, hay vidas que se destruyen en las ciudades, hay historia destruidas en la historia de las ciudades. Hay ciudades que pueden ser la muerte. Nueva York puede ser la muerte, en la realidad y en la poesía de Federico García Lorca, que es otra realidad. O tal vez la misma. Entre 1929 y 1930 García Lorca escribió *Poeta en Nueva York*, un poemario que recién sería publicado en 1940. Ahí Lorca advertía el futuro de Estados Unidos.

En el poema *La Aurora*, de *Poeta en Nueva York* (1940), García Lorca poetisa una muerte colectiva. La aurora sufre por los edificios que no dejan ver el sol, por la podredumbre de las aguas de la ciudad, llenas de palomas negras. El poeta describe el sufrimiento por esa muerte que aparece desde el comienzo del día. La imagen del amanecer, que generalmente se utiliza para anunciar el comienzo de algo nuevo, aquí anuncia la muerte.

La aurora llega y a nadie le importa, porque allí no hay esperanza alguna. Los que salen a la calle enseguida se dan cuenta que esa ciudad no es un paraíso, que no es posible ni siquiera deshojar amores. Una urbe con su naturaleza muerta. Quienes amanecen en esa ciudad saben que enseguida se hundirán en el lodo de los números, el lodo del dinero, y deberán ingresar a una especie de oscura lotería, jugar por jugar, trabajar por trabajar, sin la esperanza de que en algún momento ese esfuerzo dé algún fruto. Pero ahora podríamos escuchar a Raimundo Fagner y Chico Buarque interpretar una canción en portugués basada en el poema *La Aurora*, parte del disco titulado como el libro. Después podemos seguir con Leonard Cohen interpretando *Pequeño vals vienés*.

❉ ❉ ❉
Ciudad en el lodo

En la Nueva York que describe el poeta, los seres humanos se mueven en un lodo permanente. Parecen haber salido de un naufragio de sangre. Todos son parte de la muerte. Es la muerte en vida. La vida pelea cada día desde la aurora con la muerte que todo lo invade. La luz de la aurora es una luz encadenada, oprimida como los seres humanos que vacilan insomnes en medio de la muerte. Nueva York es la imagen de un mundo sin armonía. Pero la vida esta en la zonas afroamericanas.

El poeta cuestiona la ciudad, pero de alguna forma está cuestionando el rumbo de la humanidad. Parece decirse y decirnos: "si la realidad de Nueva York es el futuro, no hay un futuro posible", entonces "el futuro de la humanidad es la muerte".

En todos los poemas que integran *Poeta en Nueva York*, García Lorca cuestiona un mundo creado por y para el dinero, en el cual la vida está armada para generar dinero, la industrialización termina con la naturaleza, la ciencia destruye la convivencia. El dinero, las monedas que todo lo invaden, no sirven para nada ante la tristeza de la niños abandonados, ante la naturaleza que muere.

Ahora tal vez podemos irnos a volver para seguir caminando por las canciones del disco mencionado y escuchar al catalán Luis Llach *Norma y paraíso de los negros*. Luego, escuchar a Víctor Manuel interpretar *Nacimiento de Cristo*, y seguir con David Broza interpretando en hebreo *Tu infancia en Mentón*.

❋ ❋ ❋
Ciudad-cárcel

Lorca viajó a Nueva York en un momento de crisis personal, en lo sentimental e incluso en su identidad. Tal vez esperaba encontrar en la modernidad neoyorquina un mundo que aceptara la diversidad, que permitiera construir la vida individual y colectiva respetando las identidades, la otredad. Sin embargo, encuentra un mundo uniforme, marcado por la hipocresía, por la injusticia, por la desigualdad, con una sociedad que discrimina lo diferente y se traga todo lo que genera vida.

Es una imagen aterradora, casi un infierno en el que no existe vestigios de esperanza. Los seres humanos, la naturaleza, la creación, el arte, los frutos están condenados por la muerte representada por las monedas, los números, las máquinas y las leyes creadas para la muerte.

El poeta utiliza una estética surrealista y busca provocar en el lector esa percepción de caos organizado, de dolor colectivo, de ciudad-cárcel en la cual la humanidad está presa de la muerte. Sus imágenes y sus metáforas son un golpe a la sensibilidad de quien lee. La muerte es un lugar y una sociedad construidas colectivamente.

Pero siguiendo por el camino de la música, podemos escuchar a Paco de Lucía y Pepe de Lucía interpretar *Asesinato*, también del disco *Poeta en Nueva York*. Después puede llegar Patxi Andion para interpretar la *Oda a Walt Whitman*, más tarde podemos escuchar a Omega Morente y Lagartija Nick con *Ciudad sin sueño*. La música es un momento en la poesía. La poesía también es música en la espiral del tiempo.

❊❊❊
El oro de la muerte

En el poema *La Aurora* no hay lugar para la esperanza, sin embargo en otros poemas aparece una luz, se abre una posibilidad de que la vida pueda sobreponerse e ir conquistando espacios a la muerte. Esa luz surge desde los otros, desde los negros que con su cultura, su espiritualidad, su imaginación y creatividad se oponen a la muerte. Finalmente, en toda la poesía de García Lorca son los otros quienes generan la esperanza de un mundo mejor. Los negros, los gitanos. La otredad resiste a la muerte desde la propia vida y desde la poesía.

Poeta en Nueva York es también una crítica al capitalismo, en un momento que la propia crisis ponía en evidencia todo lo malo del sistema, y es en esa ciudad donde se muestra la contradicción entre el capital representado por Wall Street y la humanidad representada por la creación de los otros, de los negros. En una conferencia tras dejar Estados Unidos, García Lorca describía lo que de una forma poética hizo en ese poemario Y decía: "*Lo salvaje y frenético no es Harlem. Hay vaho humano, gritos infantiles, y hay hogares y hay hierbas y dolor que tiene consuelo y herida que tiene dulce vendaje. Lo impresionante, por frío, por cruel, es Wall Street. Llega el oro en ríos de todas partes de la Tierra y la muerte llega con él*".

Para cerrar el disco en homenaje al libro, podemos escuchar a Moustaki y Mikis Theodorakis interpretar *Son de Negros a Cuba*.

De Hiroshima a Nueva York. De la ciudad a la ciudad. De Hiroshima mon amour a Manhattan. De la Rosa de Hiroshima a las Torres Gemelas. De la destrucción a la destrucción. De La ciudad de la furia de Gustavo Cerati al Fervor de Buenos Aires de Jorge Luis Borges. De Las ciudades de Astor Piazzola y Amelita Baltar a *Un Ingles en Nueva York* de Sting. Del amor en Hiroshima al amor en Manhattan. De la muerte a la muerte. De la vida a la vida. Seguimos caminado ciudades, caminos en medio de las ciudades. Ciudades de Dios y del diablo.

❋❋❋
Ironías de Dios, ¿o del diablo?

Ciudad de Dios es una favela de Río. *Ciudad de Dios*, es una película de Fernando Meirelles estrenada en 2001, que relata parte de las vida en esa favela y en tantas. "*Lucha y nunca sobrevivirás.... Corre y nunca escaparás...*", es una de las tantas frases que dejó marcada en el camino. "*Ciudad de Dios. Una postal de Río de Janeiro que no se encuentra en los lugares turísticos*", como diría el personaje principal. De la película podríamos ir a volver de una de las canciones de la banda sonora de: *Invitación a la vida*. En medio del camino de la muerte un samba que dice: "*es la ciudad de dios, solo que Dios se olvidó de mirar a esa gente que no se cansa de recibir golpes y más golpes*".

Ciudad de Dios es una ironía de la realidad. Pero mas irónico puede ser que si caminamos el mundo tal vez encontremos muchas ciudades de Dios. Todas con su particularidad, con su historia propia, con sus vidas sobreviviendo entre la noche y el amanecer que nunca llega, o llega para pocos. Si en Ecuador nos vamos a volver de Guayaquil, en el sector de Monte Sinaí, tal vez encontremos otra ironía del destino, otro mundo, el barrio *Voluntad de Dios* es una pequeña ciudad de Dios, en la que su gente vive esperando encaminar su vida en medio de la pobreza.

De *Ciudad de Dios* a *Voluntad de Dios*... Una metáfora de muchas ciudades perdidas y encontradas en los caminos de Dios. Dios puede ser una ironía de la ciudad. El camino de la historia de la humanidad, se cruza con el camino de cientos de ciudades, de miles... ciudades de Dios y del diablo.

❋❋❋
Ciudad de lobos

Como las ciudades de Dios y del diablo, todas las ciudades de hoy cultivan sus misterios, y éstos, como los miedos, pueden estar en Roma, La Habana o cualquier lugar, y pueden presentarse a través de una máscara, un viaje, un gato, una sombra. La ciudad se transforma en el escenario preciso para la representación. Todos somos personajes de una gran trama. El sclfic, fugaz, momentáneo, puede ser una prueba irrefutable de haber pasado por un algún lugar y a la vez otra ironía de la ciudad, pues muchas veces solo representa a la realidad. No es el engaño, es solo el ajuste de la realidad.

El selfie es una forma de poder efímero. A veces un documento fiel y a veces puede reemplazar ya no a la ciudad sino al sujeto que transita por ella. El selfie es además una forma de ver. La realidad se va construyendo a través de lo que cada cual ve. Los habitantes de la ciudad viven en función de imágenes creadas por su mirada. Esas imágenes son como metáforas de la relación con sus vecinos/as y su entorno. La confluencia realidad-imagen-imaginación-hiperrealidad son parte esencial de la ciudad actual. Pero esa ciudad actual tiene su contrincante en la ciudad de la memoria, esa que se resiste a desaparecer. Entonces se puede dar un contraste, muchas veces tenso con el pasado, cuando la ciudad de la memoria rescata la historia social o personal para enfrentarla con el olvido.

Quito tiene escritores y cantantes que rescatan esa memoria. Abdón Ubidia en novelas y en relatos narra historias, momentos, costumbres de Quito. Quito es también en la narrativa de Abdón una ciudad de la memoria.

Quito, una ciudad, dos miradas es el título de un libro con textos suyos y dibujos de Ruby Larrea. Dibujos y textos que nos ubican en un Quito múltiple, a pesar de la niebla. Un tejado, una pared, una calle… y la niebla siempre ahí. La niebla atrás y adelante de los edificios, de las imágenes, de los dibujos de Ruby. La niebla que surge de muchos relatos de Abdón. Las calles, los talleres de arte, los cafés, las cantinas, las casas y nuevamente la niebla. La niebla que puede ocultar una madriguera o un sueño de lobos. La niebla como metáfora de una ciudad de lobos, una ciudad de Dios y del diablo.

Margarita Laso, en cambio, soñó con Quito y escribió un poema. Alex Alvear le puso música al poema y al sueño: *"Ahora que no estás / vibran remotas sombras / Mientras fuma el volcán / En este*

Quito / Ni la piedra de luz / Del viejo Cotopaxi / Hiere tanto al mirar / Como al pensar en ti...".

Fervor de la ciudad, Ciudad de la Furia, Ciudad de Dios, Ciudad de la imaginación, Ciudad de la representación, Ciudad de la destrucción, Ciudad de la guerra, Ciudad de la paz, Ciudad del amor, Ciudad de la memoria, Ciudad del olvido, Ciudad de la mentira, Ciudad de lluvia, Ciudad Escondida, Ciudad de invierno...

❖ ❖ ❖
Montevideo era verde

Podemos hablar de cualquier ciudad y encontrar hilos en el tiempo y en la geografía que las unen. Ahora, en Quito, tras recorrer la ciudad de Abdón Ubidia, recuerdo una conversación de hace muchos años con Mario Benedetti, allá en su casa del centro montevideano, cuando me hablaba de un Montevideo que ya no existe. Pero, más bien, recordemos la palabra de Mario en *Dactilógrafo*, recordemos algunos versos de aquel poema, unidos por la memoria, estos versos, esta memoria:

Montevideo era verde en mi infancia, absolutamente verde y con tranvías... ...yo tuve un libro del que podía leer veinticinco centímetros por noche... y después del libro... ¿quién era? ah sí, mi madre se acercaba y prendía la luz y no te asustes y después la apagaba antes que me durmiera... era tan diferente, era verde, absolutamente verde y con tranvías... y qué optimismo tener la ventanilla, sentirse dueño de la calle que baja, jugar con los números de las puertas cerradas y apostar consigo mismo en términos severos... si terminaba en cuatro o trece o diecisiete era que iba a reír o a perder o a morirme... absolutamente verde y con tranvías, y el Prado con caminos de hojas secas, y el olor a eucaliptus y a temprano, y desde allí los años y quién sabe...

Montevideo era verde y con tranvías en la niñez de Mario. En mi niñez en cambio era verde y con troles. Después vino la dictadura y arrasaron con los árboles de la avenida principal y el único verde fue el de los uniformes que invadieron la ciudad... De Quito a Montevideo hay un hilo invisible que las une. Un hilo en el telar de la historia, una calle en la ciudad de la memoria.

❋ ❋ ❋
Adiós muchachos

La memoria es también un recorrido por los caminos de la vida. A veces puede ser un recorrido en moto.

Un día Ernesto Che Guevara se fue a volver por ciudades y campos de América Latina junto a su amigo Alberto Granados en La Poderosa ¿Qué decir hoy de Guevara que no sea el panfleto acostumbrado repetitivo de unos, o la cola de paja de otros que lo recuerdan como "algo de la juventud"?

Tal vez decir provisionalmente (en la vida todo es provisorio) que si un día la izquierda del mundo se quedó sin el Che, también el mundo lo ha perdido aunque tarde en darse cuenta. La izquierda y el mundo lo sienten. En ambos, esa muerte redujo el espacio moral sin el que la política carece de su sentido humano más profundo y queda limitada a manuales, reuniones y ahora a redes sociales. Sentido humano sin el cual las sociedades dejan de estar vivas y libres en su marcha hacia la transformación cualitativa del futuro, como diría Carlos María Gutiérrez, ese maestro del periodismo.

Más allá y más acá de las ideologías, el Che se transformó en la imagen moral de la política, paradigma de la entrega total por un ideal, desde aquellos días en que se fue a volver cantando aquel tango de Carlitos Gardel que dice así: "*Adiós muchachos, compañe-*

ros de mi vida, / Barra querida de aquellos tiempos. / Me toca a mi hoy emprender la retirada. / Debo alejarme de mi buena muchachada…".

❂ ❂ ❂
Al otro lado del río

El camino estaba ahí, el viaje y los sueños eran parte del camino y eran también el propio camino. En el camino una vez y tantas veces se preguntarán: ¿qué es lo que hay al otro lado del río? Entonces, ahora podríamos irnos a volver para escuchar a Jorge Drexler cantar: "*Clavo mi remo en el agua / Llevo tu remo en el mío / Creo que he visto una luz al otro lado del río / El día le irá pudiendo poco a poco al frío / Creo que he visto una luz al otro lado del río / Sobre todo creo que no todo está perdido / Tanta lágrima, tanta lágrima y yo, soy un vaso vacío / Oigo una voz que me llama casi un suspiro / Rema, rema, remaa Rema, rema, remaa / En esta orilla del mundo lo que no es presa es baldío / Creo que he visto una luz al otro lado del río…".*

La luz a veces se mueve, a veces no se ve, pero está ahí, al otro lado del río, al otro lado del camino. El camino es largo y el camino es corto. El camino del Che es su propia vida. De aquellos viajes en motocicleta, al viaje del Granma, la Sierra Maestra, la construcción en Cuba y en cualquier parte, el camino es la vida, la vida es el camino.

Donde pongo la vida pongo el fuego, dice una canción de Ángel González y Pedro Guerra. Eso es lo que hizo el Che, entonces sería bueno irnos a volver para escuchar esa linda canción interpretada por Ana Belén y Miguel Poveda: *Donde pongo la vida pongo el fuego / de mi pasión volcada y sin salida. / Donde tengo el amor, toco la herida. / Donde dejo la fe, me pongo en juego. / Pongo en juego mi vida, y pierdo, y luego / vuelvo a empezar, sin vida, otra partida. / Perdida la de ayer, la de hoy perdida, / no me doy por vencido, y sigo, y juego / lo que me queda: un resto de esperanza...".*

❖ ❖ ❖
Poetas y quijotes

El camino del Che va y viene hasta hoy. El camino sigue. Es posible que en este camino a Ítaca me encuentre con algún Quijote siguiendo la vida, poniendo el fuego en la vida y la vida en el fuego de los sueños. ¿Sueños imposibles los del Quijote? ¿Sueños imposibles los de Che?

Tal vez sea posible, que los sueños sean imposibles. Pero son sueños y el camino está ahí para buscarlos. La sombra del Quijote y del Che están en el camino. Ahora, tal vez podríamos con un poco de imaginación escuchar *Sueño Imposible del Quijote de la Mancha*, de la escena principal del musical "El hombre de La Mancha" (Dale Wasserman, 1965), que dice así: *"Con fe lo imposible soñar / al mal combatir sin temor / triunfar sobre el miedo invencible / en pie soportar el dolor / Amar la pureza sin par / buscar la verdad del error / vivir con los brazos abiertos / creer en un mundo mejor...".*

¿Manía de la realidad o de la imaginación? ¿Manía de soñar o de aferrarse a lo posible? ¿En qué cruce de caminos nos puede atacar la manía de Don Quijote? ¿En qué esquina de la vida entraremos en la contradicción de ser Quijote o Sancho? ¿En qué momento optaremos por quedarnos en el pragmatismo o ir en busca del sueño imposible? Las preguntas están ahí siempre. Tal vez se vayan a volver, pero seguirán ahí. Ahora podríamos escuchar a Elvis Presley cantar su versión del *Sueño Imposible*, en una gran interpretación.

En todo caso, el Quijote se fue por los caminos de la Mancha y el Che por los caminos del mundo.

En los caminos de la América Latina, el Che se quedó, un octubre. Juan Gelman lo contó con su poesía de la dolor: *"...de este país de fantasía / se fue Guevara una mañana y / otra mañana volvió y siempre / ha de volver a este país aunque no sea más que / para mirarnos un poco un gran poquito y / ¿quién se habrá de aguantar? / ¿quién habrá de aguantarle la mirada?*

La palabra de Juan y la del Che se juntan en el camino. A esas palabras, sentidas, se une la voz Julio Cortázar: *"Yo tuve un hermano / no nos vimos nunca / pero no importaba. / Yo tuve un hermano / que iba por los montes / mientras yo dormía. / Lo quise a mi modo / le tomé su voz / libre como el agua. / Caminé de a ratos / cerca de su sombra / no nos vimos nunca / pero no importaba. / Mi hermano despierto / mientras yo dormía. / Mi hermano mostrándome / detrás de la noche / su estrella elegida".*

Los caminos del mundo fueron los caminos del Che, como los caminos de la Mancha fueron los del Quijote...

❄ ❄ ❄
Papeles en el bosque

La palabra en el camino del Quijote, o sea del Che. La palabra en el camino de todos. Vamos y venimos por los caminos del Quijote. Vamos y venimos por los caminos del Che. De los caminos de La Mancha a los de la América Latina. Del camino de la palabra a la palabra en el camino. La palabra de Fidel: *"Un modelo de hombre que no pertenece a este tiempo. Un modelo de hombre que pertenece a los tiempos futuros, de corazón digo que ese modelo es el Che".*

El Che se convirtió en la imagen ética de la política, esa imagen cuya fidelidad ejemplar a la vida necesaria duró hasta su último instante. Coherente en sus concepciones y en su práctica, humilde como dirigente y como ser humano, obstinado para retomar el camino después de cada tropiezo, comprometido con un mundo mejor.

Hasta hoy, la muerte del Che sigue dejando huérfana a la izquierda, sigue empobreciendo este mundo destrozado de nuestros días. Tal vez hoy se siente mucho más la orfandad, cuando tantos burócratas lo siguen matando. Tal vez por eso: *Hoy tengo demasiados papeles en la cabeza, papeles que en algún momento fueron árbol. Hay un papel que dice todos debemos morirnos alguna vez, como los árboles que a veces ni si quiera echan raíces pero se mueren los árboles tapando el bosque. Hay que talar los árboles de la cabeza para que podamos ver el bosque y mirar a los ojos de los burócratas que siguen matando al Che...*

✽ ✽ ✽
Quemar las naves

De La Mancha a la América Latina, de la América Latina al mundo. En este mundo de guerras infames y totalitarismos, de fundamentalismos alejados de la vida, de ciudades superpobladas y contaminadas, de soberanías de papel, del imperio globalizado, de la farsa política y tantas cosas más, seguimos esperando, seguimos creyendo, que sin la ética del hombre nuevo que anticipó Guevara, el mundo no cambiará. El cambio de la sociedad solo será posible con el cambio de cada persona. Parece que la izquierda latinoamericana y el mundo, en medio de sus confusiones y sus crisis, nunca ha podido superar la desaparición del Che. La desaparición de quien, como dijo alguien por ahí, mantiene verde el árbol de la vida. Alguna gente, incluso lo cree santo. El documental San Ernesto nace en la Higuera refleja esa devoción.

Pero tal vez, la lección más perdurable del Che empezó desde su muerte, entregada en aras de la vida por venir, pero la izquierda no fue capaz de entender su vida, mucho menos su muerte. El mundo, en cambio, tampoco fue capaz de entender la vida del Quijote, entregada en aras del camino por construir, mucho menos su muerte. Uno y otro entraron en el camino para construir sus vidas, sabiendo que el camino era la propia vida. Como dice el grupo de rock Cecilia Krill Contesta en su canción 67: *"Tocan el viento sin temor, entre las nubes. / Abren la celda con el sol, en las montañas. / Saben que ellos, no van a volver. / No van a dejar, de quemar las naves si es mejor..."*.

❀❀❀
Rocinante

Rocinante sigue cabalgando entre La Mancha y América Latina. Los tiempos se cruzan en la cruz de los caminos. Salvador Allende habla del Che: *"Pocas veces he visto un hombre más humano, más profundo. Con una mirada que llegaba a unos antes que la respuesta, dando la respuesta. Con una seriedad cuando quería tocar los problemas, que evidenciaba su gran capacidad, su cultura. Y al mismo tiempo una ironía mordaz, que desarmaba, que golpeaba, que castigaba. Pero esencialmente era un hombre en el más amplio sentido de la palabra. Creo que muy pocas veces se ha visto en la historia una consecuencia similar, por lo menos en esta época contemporánea, entre un hombre que dice los que siente y hace lo que dice. Un hombre que, como el comandante Guevara, fue tan consecuente con sus ideas y con su propia vida. Además, en el libro que me regalara, Guerra de guerrillas, puso: 'Para Salvador Allende, que por otros caminos, busca lo mismo. Con lo cual estaba diciendo que comprendía, que sabia que yo discrepaba de los caminos que ellos habían planteado y creía que Chile tenia otro camino... No era un hombre sectario, ni dogmático, sino que era un hombre abierto. Con una gran disciplina interna, pero al mismo tiempo capaz de comprender la disciplina de otros hombres y las características de otros pueblos".*

Me decía José Mujica refiriéndose a otro Quijote, Raúl Sendic ese revolucionario en alpargatas, que su lucha *es una muestra de cuánto es capaz el ser humano cuando cree en algo. Cuánta fuerza. En el mundo de hoy tanto Quijote, tanta poesía es impensable. Tanta poesía. Tanta...*

Sobre la poesía, decía Juan Gelman: *"... los poetas ahora la pasan bastante mal / nadie los lee mucho / esos nadie son pocos / el oficio perdió prestigio / para un poeta es cada día más difícil conseguir el amor de una muchacha / ser candidato a presidente / que algún almacenero le fíe / que un guerrero haga hazañas para que él las cante / que un rey le pague cada verso con tres monedas de oro / y nadie sabe si eso ocurre porque se terminaron las muchachas / los almaceneros / los guerreros / los reyes / o simplemente los poetas / o pasaron las dos cosas y es inútil romperse la cabeza pensando en la cuestión..."*

Sigo mi camino a Ítaca con la poesía en la mirada, el Quijote en el camino y el Che en la memoria. Pero, ¿cuál será el destino de Rocinante, ese flacuchento caballo del Quijote? ¿Vivir en un establo camino al matadero o arremeter con Don Quijote contra los gigantes disfrazados de Molinos de Viento? ¿Cuántos caminos se pueden cruzar en la cabalgata de Rocinante? ¿Cuántos Rocinantes se pueden encontrar en el camino?

❖❖❖
Un café para el Quijote

Cuando tomamos una taza de café, no pensamos en el camino que recorrió por distintos lugares, ni en los hombres y mujeres que lo cultivan, pensamos en el aroma que invade el ambiente y en el gusto de saborearlo.

Si miramos a través de la borra del café, podemos ver que apareció en Etiopía, donde un pastor observó, que al comer los frutos, las cabras tenían un extraño comportamiento y se volvían más activas y nerviosas. Pero también se dice que el café se consumía en Persia mucho antes de esta historia. Ecuador produce uno de los mejores cafés de las Américas, con aromas y sabores tan variados como su geografía.

Cuando tomemos una taza de café, tal vez pensemos que hay una historia detrás del intenso sabor que nos cautiva. Cuando leemos el Quijote, no pensamos cual es el camino de la realidad y cuál el de la imaginación. La realidad y la imaginación son parte del mismo mundo, del mismo camino a Ítaca.

❋ ❋ ❋
Hombre nuevo

Del camino imaginario de Rocinante podemos seguir por el camino real de Alonso Quijano. Podemos escuchar al cantante canadiense Gordon Lightfoot interpretar *Don Quijote*. Entre otras cosas dice así: *A través del bosque por el valle viene un jinete libre. Es fuerte pero es débil. Es sabio, pero es humilde. Alcanzando su alforja toma un gastado libro en sus manos. En pie como un profeta sin temor grita desde el océano hacia la costa hasta que no puede gritar más...*

El escritor español Antonio Muñoz Molina al recordar una de sus escenas favoritas de *El Quijote* decía: *hay muchas pero una de las que me impresionan es la de los galeotes, ese momento tremendo en que don Quijote dice*: "*No está bien que unos hombres se hagan verdugos de otros hombres*". Y agrega Muñoz Molina. Releí el capítulo XXII cuando se publicaron las fotos de las torturas de Iraq y me saltaron ante los ojos esas palabras".

No está bien que unos seres humanos sean verdugos de otros seres humanos. Con esa frase y pensando en *El Quijote*, podemos irnos a escuchar a Daniel Viglietti con su canción del hombre nuevo. Escucharlo decir: *Lo haremos tú y yo, / Nosotros lo haremos, / Tomemos la arcilla / Para el hombre nuevo. / Su sangre vendrá / De todas las sangres, / Borrando los siglos / Del miedo y del hambre...*

¿Habrá sido Don Quijote el hombre nuevo de su época?

❊ ❊ ❊
Lo que es y lo que debería ser

Me fui a volver por los caminos de la Mancha y del mundo. Por los caminos de Don Quijote de la Mancha y su fiel escudero Sancho Panza. Vamos y venimos entre la realidad y los sueños.

Por los caminos de los ideales. Por los caminos de la música y ahora podríamos escuchar una partecita del Poema Sinfónico Don Quijote de Richard Strauss, interpretado por la Orquesta Filarmónica de Berlín.

¿Qué es lo que es y que lo que debería ser? ¿Dónde cruza Don Quijote los caminos de lo qué es y lo que debería ser? ¿En qué momento de nuestras vidas llegamos a ese cruce de caminos entre los que es y lo que debería ser? ¿En qué momento el camino deja de ser camino? En fin, Cervantes y *El Quijote* nos coloca ante esta y otras encrucijadas. En el camino, al lado del camino. Antes de que decidamos la encrucijada, tal vez nos encontremos con una canción que nos ayude a decidir. Entonces ahora podríamos escuchar a Fito Páez interpretar *Al lado del camino* y decir: *Me gusta estar a un lado del camino / Fumando el humo mientras todo pasa / Me gusta abrir los ojos y estar vivo / Tener que vérmelas con la resaca / Entonces navegar se hace preciso / En barcos que se estrellen en la nada / Vivir atormentado de sentido / Creo que ésta, sí, es la parte más pesada / En tiempos donde nadie escucha a nadie / En tiempos donde todos contra todos / En tiempos egoístas y mezquinos / En tiempos donde siempre estamos solos / Habrá que declararse incompetente / En todas las materias del mercado / Habrá que declararse un inocente / O habrá que ser abyecto y desalmado / Yo ya no pertenezco a ningún istmo / Me considero vivo y enterrado...*

❋❋❋
Refranes

Sancho Panza es la realidad, para ser modernos diríamos que es el pragmatismo. Es la imagen del ser humano que busca sostenerse en el camino, mejor dicho que busca acomodarse en el camino. Aquel ser humano cuyos sueños están muertos de antemano, para el cual la vida es una secuencia de hechos burocráticos, casi preestablecidos. Ese pragmatismo del fiel escudero de Don Quijote se sostiene en un recurso de la sabiduría popular tradicional como son los refranes. Los refranes le dan identidad a Sancho a lo largo de la novela. Donde una puerta se cierra otra se abre; Cuando a Roma fueres, haz como vieres; Donde reina la envidia no puede vivir la virtud; Quien te cubre te descubre; El consejo de la mujer es muy poco, y el que no le toma es loco; Del dicho al hecho hay un gran trecho; No es la miel para la boca del asno; Detrás de la cruz está el diablo; Mientras se gana algo no se pierde nada; Nadie diga desta agua no beberé; No es oro todo lo que reluce...

Son tantos los refranes de Sancho, que un día don Quijote le dijo: *No más refranes, Sancho, pues cualquiera de los que has dicho basta para dar a entender tu pensamiento.* Antes de seguir mi camino a Ítaca escucho a la banda *Coldplay* interpretar su canción *Don Quijote*, que dice: *cuando el mundo te parezca demasiado cruel, cree en uno mejor, haz uno mejor. Nunca estarás solo.*

❄ ❄ ❄
Dulcinea

¿Y Dulcinea? ¿Dónde está Dulcinea en este camino lleno de encrucijadas? ¿Dónde queda la realidad entre el *Caballero andante* y Dulcinea?

Hay un diálogo entre Dulcinea y el Quijote en el cual ella lo increpa por vivir fuera de la realidad y hacer ridiculeces. Entonces más o menos le dice: *mi nombre es Aldonza y creo que no me conoces.* Luego remata: *tu corazón no sabe mucho de mujeres. Lo sabe todo,* dice él... Es un diálogo entre la razón y el sentimiento intentando convencerse mutuamente... Una encrucijada más en el camino.

Pero en el camino de las encrucijadas, entre la realidad y los sueños, finalmente Don Quijote llegará a la realidad de la muerte, o tal vez de la vida. En ese instante se encontrará con el *Caballero de la blanca luna* y se marchará porque ya es tiempo de descansar. Entonces podemos hacer un alto en el camino para escuchar al grupo brasileño *Engenheiro de Hawaii*. reivindicar el lado idealista e ingenuo del Quijote. Dice algo así como: *Mucho gusto mi nombre es otario. Vengo de otro tiempo pero siempre en el horario. Soy un pez fuera del agua, una mariposa en el acuario. Un as de espadas fuera de las cartas. Grandes negocios pequeño empresario. Por amor a las causas perdidas puede ser que los dragones sean molinos de viento.*

❋ ❋ ❋
Mercaderes del templo

Sigo mi camino a Ítaca, de Quijotes a Quijotes en el laberinto de la historia. Otro tiempo, otra geografía. Un día un tal Jesús se fue a volver del Templo de Jerusalén, para expulsar a los mercaderes. Posiblemente ese hecho, llevó a que estos incidieran sobre su prisión y posterior crucifixión. Para los mercaderes y algunos sectores altos de la sociedad de la época, Jesús causó una perturbación en el templo y fue visto como un revoltoso. Era el tiempo de la Pascua, las tensiones políticas, religiosas y económicas provocaban diversos disturbios. El poder de los mercaderes no se podía cuestionar. Jesús, con su cuestionamiento al poder religioso, político y económico fue creando fama negativa entre los poderes de Jerusalén.

Pero su rebeldía de aquel momento contra los señores del comercio, le costó cara. Los guardias del Templo lo detuvieron y lo entregaron a Poncio Pilato para ser ejecutado. Los mercaderes querían regir el destino del comercio y de la moneda. Para eso escondían sus ambiciones en ciertos argumentos supuestamente religiosos. Ese hecho, que parece solo un instante en la historia de la humanidad, muestra el poder de aquellos mercaderes. Luego vendrá el poder de los mercados, los Tratados Bilaterales de Inversión, los Tratados de Libre Comercio, que favorecen a pocos, y más... *"Doy mi vida al mejor postor"*, dice la canción *El Templo*, también conocida como *Canción de los mercaderes* en la ópera rock *Jesucristo Superstar*. Los mercaderes nunca se fueron, siguen ahí...

❉ ❉ ❉
Cusubamba

Desde mucho antes que Jesús expulsara a los mercaderes del templo, el comercio rige la vida del mundo. Quienes controlan el comercio manejan al mundo. Quienes controlan los mercados de las cosas, de la gente, de los animales, de la naturaleza, del dinero, son los que manejan la vida del mundo. Tal vez Jesús interpretó esa triste realidad cuando decidió echar a los mercaderes del Templo de Jerusalén.

El poder de los mercados y del comercio, manejado por los mercaderes de cualquier templo, de cualquier tiempo. oscurece la historia, pero el comercio con reglas de justicia aclara el camino. En Cusubamba, en la provincia de Cotopaxi, en Ecuador, me encuentro que la actividad comercial es parte de la construcción de una economía popular y un tanto más solidaria. Cada miércoles, temprano en la mañanita se va montando el pequeño mercado. De a poco empiezan a relucir los puestos con papas, tomates, lechuga, maíz, cebollita, plátano, huevos, los granos, el ajo, el pancito…

El kichwa y el castellano se confunden en las conversaciones. En la venta se utiliza el dólar, que es la moneda asumida por Ecuador desde el año 2000. Pero llega un momento que se instala el trueque y el grano de cebada pasa a ser la moneda corriente. En ese momento aparece la fuerza de la organización colectiva y se revive la solidaridad como parte fundamental de la producción y comercialización.

"*Yo he traído cebadita para a hacer cambio para los hijos y los nietos. La platita que no alcanza siempre y hay que salir con cebadita para cambiar, y llevar a la casa, a los nietos a los hijos cositas que hacen falta*", comenta una señora que vende mote. El togro, la mapawira, el mote, son los platos tradicionales del Ecuador que todos buscan. El togro se cocina en familia, más o menos así: se cuecen en leña, a fuego lento, las patas y el cuero del chancho, condimentado previamente con sal, achiote, comino, cilantro. Luego se coloca gelatina. Generalmente se come al otro día con mote, papitas cocinadas y ají. De postre una rica espumilla.

"Trabajo como 40 años cambiando a veces, vendiendo un poquito con platita a veces, y así... Vivo tranquila, tengo mi clientela, mi ambiente...", dice una señora. Otra comenta: "yo vengo con esto desde mis abuelitos, mi bisabuelita ya sabía venir, en burrito venía a vender...".

Cusubamba, es un ejemplo de una realidad que se vive en diversas zonas rurales de la Sierra ecuatoriana. Una realidad que ciertos técnicos de escritorio, en Quito y otras ciudades, no entienden. También están los mercaderes, aquellos a los cuales éstos sirven por opción u omisión. Los mercaderes de hoy prefieren que la gente de Cusubamba deje de plantar, deje de comercializar a su modo y se vaya a sobrevivir en la ciudad. Que los pequeños y medianos productores, que dan de comer a las ciudades, desaparezcan y entreguen sus pequeñas parcelas a la agroindustria. Que se produzca para la exportación y lo que no se pueda producir se importe. Los mercaderes del Templo siguen ahí imponiendo su poder... Ahora, una de las mejores herramientas que utilizan, son los TLC...

❀ ❀ ❀

Burritos

La abuelita de la señora que daba su testimonio en Cusubamba llegaba al mercado en burrito para comercializar sus productos. Otros burritos han recorrido el mundo y la imaginación del mundo... Por ejemplo Platero, aquel de Juan Ramón Jiménez: *"Platero es pequeño, peludo, suave; tan blando por fuera, que se diría todo de algodón, que no lleva huesos. Sólo los espejos de azabache de sus ojos son duros cual dos escarabajos de cristal negro. Lo dejo suelto y se va al prado y acaricia tibiamente, rozándolas apenas, las florecillas rosas, celestes y gualdas... Lo llamo dulcemente: ¿Platero?, y viene a mí con un trotecillo alegre, que parece que se ríe, en no sé qué cascabeleo ideal... Come cuanto le doy. Le gustan naranjas, mandarinas, las uvas moscateles, todas de ámbar, los higos morados, con su cristalina gotita de miel... Es tierno y mimoso igual que un niño, que una niña...; pero fuerte y seco como de piedra. Cuando pasan sobre él, los domingos, por las últimas callejas del pueblo, los hombres del campo, vestidos de limpio y despaciosos, se quedan mirándolo: Tiene acero... Tiene acero. Acero y plata de luna, al mismo tiempo"*.

También hay que recordar al burrito cordobés, al que cantaron *Los Fronterizos*. Aquel que no tiene apuro. Y volviendo a Jesús, viene a la memoria aquel burrito sabanero que iba camino de Belén, una canción que tuvo muchas versiones. Ojalá que estos burritos no se crucen con los mercaderes porque los venden...

❖❖❖
Vendedores de sueños

Pero en el camino, a pesar de los mercaderes y de los golpes de la realidad también se puede encontrar algún vendedor o vendedora de sueños, aunque los sueños, sueños sean, vale la pena comprarse algún sueño de vez en cuando. Este vendedor de sueños, está mucho más cerca de aquellas vendedoras de Cusubamba. Hay un cortometraje sobre *El vendedor de sueños,* con la actuación de la actriz uruguaya China Zorrilla, que es una enseñanza de vida, de alguna manera nos muestra que no todo está perdido y que es posible seguir soñando, aunque la realidad a veces sea cuesta arriba. Entre los mercaderes del templo y este vendedor que invita a soñar y a creer que las cosas pueden cambiar, hay un abismo. A los mercaderes les duele el dinero, a los vendedores de sueños les duele la gente.

Tal vez la respuesta a los sueños esté flotando en el viento, como dice Bob Dylan en *Blowing in the wind*, aquella vieja canción que dice más o menos así: "¿Cuántos caminos debe recorrer un hombre antes de que le consideres un hombre? ¿Cuántos mares debe surcar una paloma blanca antes de que duerma sobre la arena? ¿Cuántas veces deben volar las balas del cañón antes de que sean prohibidas para siempre? ¿Cuántas veces debe un hombre alzar la vista antes de *que pueda ver el cielo? ¿Cuántos oídos debe tener un hombre antes de que pueda oír gritar a la gente? ¿Cuántas muertes serán necesarias hasta que él comprenda que ya ha muerto demasiada gente? ¿Cuántos años puede una montaña existir antes de que sea arrastrada al mar? ¿Cuántos años pueden algunas personas existir antes de que se les permita ser libres? ¿Cuántas veces puede un hombre volver su cabeza, fingiendo simplemente que no ve nada? La respuesta, amigo mío, está flotando en el viento, la respuesta está flotando en el viento*".

Los sueños valen la pena aunque sean sueños y aunque duren poco. Los sueños están ahí y hay que seguirlos. Pero la realidad avanza matando sueños, a veces sin que nos demos cuenta o le demos la importancia que tiene. La realidad salta sobre los sueños y se impone.

Los Tratados de Libre Comercio no son un sueño, no tienen nada que ver con algún sueño, ni con el comercio justo, no tienen nada que ver con el bienestar. En realidad son parecidos a una pesadilla. La pesadilla en el campo de los países que han firmado esos tratados es buen ejemplo. México, es buen espejo para mirarse. Los mercaderes del templo están ahí, y están acá...

Pero en estos caminos del comercio también podemos encontrarnos con aquellos que, mientras venden sus productos en las estaciones de tren, van soñando que sus vidas un día mejoran, algún día mejoran. Alberto Caleris, cantautor argentino, radicado en Quito hace tantos años, narró esa historia en una linda canción titulada *El Expreso*.

❖ ❖ ❖
La guerra del opio

Venimos de la economía popular y de los sueños. De los sueños vamos a la realidad y seguimos por los caminos del comercio. Ahora nos vamos al oriente lejano allá por China. Es el año 1838. La Guerra del Opio fue un ejemplo de cómo el Imperio Británico defendía sus intereses comerciales y económicos, de cómo quería apropiarse del comercio y la economía china. La película también titulada *La Guerra del Opio*, del director chino Jin Xie, narra esa historia y empieza con una frase de dignidad: "*Solo una nación que se defiende a si misma puede progresar y aprender de las opresiones sufridas en el pasado*".

En realidad, el opio fue solo una punta de la madeja. La alta demanda de té, seda y porcelana en Gran Bretaña y la baja demanda de mercancías británicas en China, provocó un gran déficit comercial en Inglaterra que debía pagar los artículos con plata. Eso tuvo duras consecuencias sobre toda su economía. Entonces, para mejorar su balanza comercial, comenzó a exportar ilegalmente opio a China en el siglo XVII, desde su colonia en la India. El comercio del opio creció y llegó a las 1800 toneladas. Así, la salida de plata se redujo. Cuando China prohibió el ingreso de opio, Gran Bretaña vio peligrar su comercio y su economía nuevamente y amenazó a China, que reaccionó bloqueando las Cámaras de Comercio extranjeras establecidas en el país y encargadas de la introducción de opio. Los ingleses vieron en la guerra, no solo la posibilidad de volver a exportar opio a China, sino de apoderarse del comercio chino para gastar menos plata en los productos que importaban de ese país. Sabían que apoderarse del comercio de China, era apoderarse del comercio de Asia.

El 24 de marzo de 1839 Charles Elliot delegado de Comercio de Inglaterra llega a Cantón. Fue claro con los mercaderes de opio que más allá de los cargamentos retenidos por China protegería el interés del comercio inglés hacia el futuro: *"El comercio aquí está en alza, y no queremos matar a la gallina de los huevos de oro. Estoy aquí para proteger el comercio de Gran Bretaña con China"*.

La única forma de imponer a China los intereses comerciales, era la guerra. Cuando los asesores de la reina Victoria le dijeron que se esperaba su apoyo para enviar el ejercito a China y realizar las operaciones militares, ella no dudó. Su argumento fue mucho más allá del momento, fue un argumento estratégico hasta hoy. *"Si estuviera en la situación de China también hubiera destruido el opio* –explicó. *El problema no es el opio, ni tampoco la vida y las propiedades de unos cuantos comerciantes británicos. Si todas las naciones siguieran el ejemplo de China y rechazaran el libre comercio, en menos de un año el imperio británico dejaría de existir. Esa es la razón por la que usaremos la fuerza. Debemos darles una lección de liberalismo. Caballeros, Gran Bretaña tiene la responsabilidad de abrir el último y mayor territorio de Oriente. Espero que ustedes nunca me digan que otro país se nos ha adelantado. La verdad es que quien se apodere de China, obtendrá todo Oriente a lo largo del siglo 19"*.

Con las guerras impusieron a China la firma de tratados que abrieron totalmente sus puertos al comercio con Occidente. Eso llevó a la caída de la economía china. Además, el entonces imperio británico se apoderó de Hong Kong. Las condiciones que impusieron Gran Bretaña, Francia y Portugal a China y a varios países del este asiático, llevó a que se denominaran Tratados Desiguales.

Tratados impuestos, antecedente de los actuales Tratados de Libre Comercio...

❖❖❖
El jardinero fiel

El hilo del tiempo une esos tratados de la guerra del opio con los tratados actuales. Une además a los mercaderes del templo de Jerusalén con los mercaderes ingleses y los de hoy. En esa historia de mercaderes y tratados, las trasnacionales farmacéuticas buscan imponer sus medicamentos. El escritor ecuatoriano Luis Zúñiga, cuenta un poco de esa historia en su novela *Karaoke*. La película *El Jardinero Fiel* muestra las complicidades de los gobiernos de Kenia y Gran Bretaña en la imposición de medicinas prohibidas.

Las trasnacionales farmacéuticas ganan con los Tratados de Libre Comercio, la población pierde la posibilidad de tener medicinas genéricas, los enfermos del mundo pierden. Pero bueno, cada cual sabe, o debería saber, de que lado está... Yo ahora me iría a volver para escuchar *Kothbiro* (*Lluvia venidera* en lengua Luo de Kenya), tema de la película *El jardinero fiel* interpretado por el cantautor keniata Ayub Ogada...

❖❖❖
Maíz

Mi viaje a Ítaca es largo, diverso, por múltiples geografías. De Kenia regreso a la América Latina. El Área de Libre Comercio de la Américas que finalmente no se concretó por la lucha de los pueblos primero y la postura digna de algunos gobiernos después, el Tratado de Libre Comercio de Estados Unidos, Canadá y México que liquidó la producción agrícola mexicana, los diversos Tratados de Libre Comercio disfrazados de distintos nombres a los largo del mundo, los Tratados Bilaterales de Inversión que protegen a las empresas trasnacionales... Tratados y más tratados, la versión actual de aquellos que Inglaterra y las potencias europeas de la época impusieron a China. Hoy China, para no quedar atrás, hace lo mismo con otros países. Los Tratados de Libre Comercio, como los Tratados Bilaterales de Inversión son armas de las potencias en la Guerra del Libre Comercio Global. México es buen ejemplo de las consecuencias que pueden tener esos Tratados sobre la economía de países dependientes, como me decía Pepe Mujica en una charla: *"Ya ni maíz planta"*.

Uno de los países donde se originó el maíz ahora importa maíz transgénico de Estados Unidos. Un país que se fue al abismo. El amigo y periodista José Steinleguer, en el 2016 lo explicaba así: *"desde que México entró al Tratado de Libre Comercio en 1994, se fue a la chingada. Es decir comenzó un proceso e involución económica, política, ideológica, cultural, inclusive conceptual en el sentido de que las cabezas mexicanas fueron obligadas voluntariamente, o no, a solo mirar hacia el norte. Su destino a partir del 1 de enero del 94, fue mirar hacia el norte. Ese es el día en que México entró al TLC por la puerta de la cocina. Es decir, no por la puerta grande, en los términos en que entró Canadá. En consecuencia, se asumió lo que ya era una tendencia muy acentuada desde los años 80, a partir de que la deuda se había tornado impagable e incobrable, y coincide con el periodo que inicia Miguel de la Madrid, se inicia ya el periodo de la más rancia tecnocracia neoliberal, y así se caminó hacia el México actual".*

México de tantos muertos y desaparecidos. México de Ayotzinapa, México de Lila Downs cantando a la *Patria Madrina*. México triste... *Agua sobre México*, un poema que escribí dedicado a los 43 de Ayotzinapa, a sus familiares, compañeros y amigos que siguen luchando por la verdad: *"hay un río de calabazas que corre sin agua por México / sin agua corre ese río, sin huesos, sin gritos, por México / sin gritos corre ese río, sin manos, sin ojos, por México / sin ojos se va quedando México, / sin ríos, sin agua, sin calabazas, / pero millones de ojos miran a México / millones de ríos desembocan en México / y el agua de los ojos, y el agua de los ríos, es un torrente / que ya nadie podrá parar, sobre México..."*

❋❋❋
De Octavio Paz a Emiliano Zapata

México también es memoria, revolución, poesía. Ahora, podemos hacer un alto en el camino e irnos a volver por algunas imágenes de la poesía. Caminar tal vez por el *Arte Poética* como un Quijote por el mar y recordar que la poesía es de todos y de nadie, como el pan que crece en las palabras del poema, como el maíz que se desgrana en la boca del poema, como el mar que se riega en el cuerpo del poema, como la lluvia que moja al poema y nos moja.

¿Y el pan? El pan es de todos y de nadie, como la poesía que al fin de cuentas es hecha de harina y levadura que crece en la imaginación de cada poeta. Siempre es un buen momento para irnos a volver por algunos caminos de la poesía, y para eso se puede convocar a poetas de rincones varios. Pero podemos empezar leyendo o escuchando a Octavio Paz decir:

"El presente es perpetuo. Pienso que los grandes psicólogos, los grandes novelistas, los grandes poetas no se han equivocado cuando piensan que el secreto del hombre está en el niño, Incluso el poeta William Wordsworth decía que el niño es el padre del hombre. Y es verdad, yo creo que el niño es la semilla de creación del hombre. Todo lo que hacemos está ya en el niño. Y lo que importa en cada vida humana es

ser dignos del niño que fuimos, realizar la profecía del hombre que es cada niño".

Pero tal vez podríamos escucharlo dudar: "*Dudar de nuestra realidad y la del mundo es una experiencia que todos hemos conocido. Certeza. Si es real la luz blanca de esta lámpara, real la manos que escribe. Son reales los ojos que miran lo escrito. De una palabra a la otra, lo que digo se desvanece. Yo sé que estoy vivo entre dos paréntesis*".

Octavio Paz es México. México es Zapata. Lila Downs le canta a Zapata, o sea le canta a México. México es poesía en la música de Lila Downs: "*Son las 3 de la mañana, / dicen que pena un santito, / Bajito yo oigo que dice: / Camínale despacito ay mamá, / Camínale despacito / Mi sueño me dice no vayas, / mis piernas me dicen tantito, / y cuando ya me doy cuenta caramba, / me muevo poco a poquito ay mamá, / me muevo poco a poquito. / Serás tú Zapata, / el que escucho aquí, / con tu luz perpetua, / que en tus ojos vi...*".

❊❊❊
De un poeta a su hija

No sé si caminar al sur o al norte con la poesía, si caminar a oriente u occidente, o caminar sin rumbo buscando el camino de todos en este viaje a Ítaca... Buscando preguntas en medio de tantas respuestas. Pero ahora, en este instante me voy a volver para escuchar el consejo de un poeta a su hija. Es un poema duro, tal vez doloroso, en el que el poeta entrega a su hija toda la fuerza de sus palabras, toda la fuerza de la vida. Entonces podemos escuchar primero al gran poeta español José Agustín Goytisolo relatar sus *Palabras para Julia* y luego escuchar la canción de Paco Ibañez basada en el poema. Dos versiones, la misma fuerza:

Tú no puedes volver atrás / porque la vida ya te empuja / como un aullido interminable. / Hija mía es mejor vivir / con la alegría de los hombres / que llorar ante el muro ciego. / Te sentirás acorralada / te sentirás perdida o sola / tal vez querrás no haber nacido. / Yo sé muy bien que te dirán / que la vida no tiene objeto / que es un asunto desgraciado. / Entonces siempre acuérdate / de lo que un día yo escribí / pensando en ti como ahora pienso. / La vida es bella, ya verás / como a pesar de los pesares / tendrás amigos, tendrás amor / Un hombre solo, una mujer / así tomados, de uno en uno / son como polvo, no son nada. / Pero yo cuando te hablo a ti / cuando te escribo estas palabras / pienso también en otra gente. / Tu destino está en los demás / tu futuro es tu propia vida / tu dignidad es la de todos. / Otros esperan que resistas / que les ayude tu alegría / tu canción entre sus canciones. / Entonces siempre acuérdate / de lo que un día yo escribí / pensando en ti / como ahora pienso. / Nunca te entregues ni te apartes / junto al camino, nunca digas / no puedo más y aquí me quedo. / La vida es bella, tú verás / como a pesar de los pesares / tendrás amor, tendrás amigos. / Por lo demás no hay elección / y este mundo tal como es / será todo tu patrimonio. / Perdóname no sé decirte / nada más pero tú comprende / que yo aún estoy en el camino. / Y siempre siempre acuérdate / de lo que un día yo escribí / pensando en ti como ahora pienso.

❋❋❋
Sonrisa

Ahora, en este viaje, pienso en otro poeta que escribe a su hija. Una sonrisa, una foto, otra poesía, la fuerza de la vida me integra en el camino. La sonrisa es una foto, la foto es también una poesía… *Una Sonrisa*, dedicado a mi hija Isadora: *mis ojos tienen una foto adentro/ es decir mil fotos de sonrisas,/ una sonrisa/ solo una sonrisa nacida en noviembre/ una sonrisa en mil fotos/ la sonrisa camina por las fotos/*

o sea por mis ojos/ la sonrisa toma mate pequeñita/ crece la sonrisa de bailarina/ se hace amiga de los animales/ se enreda con anatomía en la u/ la sonrisa es una foto de la vida/ las fotos son una sonrisa del tiempo/ el tiempo es hoy, y siempre, una sonrisa/ a pesar de la fotos perdidas/ y las que no pudimos sacar/ la sonrisa no es un selfie/ no es un instante que desaparece/ la sonrisa es una forma de luchar/ a pesar de las lágrimas en el camino/ las fotos son mis ojos/ que además de lágrimas/ tienen una sonrisa adentro.

❖ ❖ ❖
Pessoa

Pero sigamos el viaje a Ítaca por el camino de la poesía. Hay un poeta portugués que de tanto hacer poesía se dividió en 72. Fernando Pessoa utilizó a 72 heterónimos para escribir su poesía múltiple, aunque fueron tres los más conocidos: Ricardo Reis, Alberto Caeiro y Álvaro de Campos. Ahora para empezar a caminar por la palabra de Pessoa, me gustaría irme a volver del poema *Tabaquería*... Un poema de "Álvaro de Campos", en una traducción al castellano de Octavio Paz, que dice en un pedacito así: *No soy nada. / Nunca seré nada./ No puedo querer ser nada. / Aparte de esto, tengo en mí todos los sueños del mundo...*

Fernando Pessoa es Portugal, Portugal es también la revolución de los claveles. La revolución de los claveles es además la poesía y la música de Zeca Afonso y aquella bella canción *Grândola Vila Morena*. Entonces, vamos a escucharla o leerla o imaginarla:

Grândola, vila morena / Terra da fraternidade / O povo é quem mais ordena / Dentro de ti, ó cidade / Dentro de ti, ó cidade / O povo é quem mais ordena / Terra du fraternidade / Grândola, vila morena / Em cada esquina, um amigo / Em cada rosto, igualdade / Grândola, vila morena / Terra da fraternidade / Terra da fraternidade / Grândola, vila morena / Em cada rosto, igualdade / O povo é quem mais ordena...

Pessoa también es fado. Sus letras para fado son poemas musicales. Pero ahora se me ocurre escuchar un fado que no es de Pessoa. ¿Cómo escuchar a través del papel *Palavras minhas*, de Pedro Tamen y Filipe Raposo, en la voz de Joana Amendoeira?

Leer y escuchar es ahora, en este instante poético, lo mismo: *Palavras que disseste e já não dizes, / palavras como um sol que me queimava, / olhos loucos de um vento que soprava / em olhos que eram meus, e mais felizes. / Palavras que disseste e que diziam / segredos que eram lentas madrugadas, / promessas imperfeitas, murmuradas / enquanto os nossos beijos permitiam. / Palavras que dizias, sem sentido, / sem as quereres, mas só porque eram elas / que traziam a calma das estrelas / à noite que assomava ao meu ouvido... / Palavras que não dizes, nem são tuas, / que morreram, que em ti já não existem / que são minhas, só minhas, pois persistem / na memória que arrasto pelas rúas.*

Palabras que dicen todo y no dicen nada, palabras que nos llevan por el mundo. Hay una canción de Carlos Varela que también podríamos recordar en este momento: *Una palabra no dice nada / Y al mismo tiempo lo esconde todo / Igual que el viento que esconde el agua / Como las flores que esconde el lodo / Una mirada no dice nada / Y al mismo tiempo lo dice todo / Como la lluvia sobre tu cara / O el viejo mapa de algún tesoro / Como la lluvia sobre tu cara / O el viejo mapa de algún tesoro / Una verdad no dice nada / Y al mismo tiempo lo esconde todo / Como una hoguera que no se apaga / Como una piedra que nace polvo / Si un día me faltas no seré nada / Y al mismo tiempo lo seré todo / Porque en tus ojos están mis alas / Y está la orilla donde me ahogo / Porque en tus ojos están mis alas / Y está la orilla donde me ahogo...*

❊❊❊
Respuestas

No hay nada más lejano ni cercano que el viento que lleva las palabras, cargadas de memoria, la poesía. Antonio Correa poeta colombiano, escribe desde la memoria. ¿Cómo surge la poesía?: *"Pienso que es una confrontación conmigo mismo. Son las preguntas que no encuentran solución en el ambiente en que me muevo, en mi vida cotidiana. Y la poesía me ha permitido, la escritura me ha permitido llegar a respuestas que se vuelven personales naturalmente. Pero es que si uno encuentra respuestas a sus asuntos íntimos, luego se llega a respuestas colectivas".*

En su poema *"El tiempo postergado"*, hay una búsqueda personal que intenta respuestas colectivas: *Hace 500 años antes de cristo, / urdimos lo más espléndido / siglos para ligar la vida de los muertos / con animales apresados / en nuestras alas de sueño. / A trasluz del tejido / esplenden gotas / densas de sangre, / pigmentos azules, / rosas, amarillos, verdes. / Ahora la longevidad sibilante / nos aleja de los ramos de la utopía / y nos torna blandos e inútiles. / Aislados por espacios ciegos / para calentar nuestra soledad. / Las manos agitan un bolsillo / lleno de monedas, / y otro repleto de miseria. / ¿Con cuál mano / detengo a la mujer que se aleja?*

De Colombia podemos caminar hacia Argentina para recordar la poesía de una grande, Alfonsina Storni, quien no pudo encontrar respuestas al amor y a tantas preguntas que tenía en la vida. La canción *Alfonsina y el Mar* basada en su poema *Despedida*, tiene muchas interpretaciones, muchas versiones. Pero la de Mercedes Sosa es la más recordada: *Por la blanda arena / Que lame el mar / Su pequeña huella / No vuelve más / Un sendero solo / De pena y silencio llegó / Hasta el agua profunda / Un sendero solo / De penas mudas llegó / Hasta la espuma / Sabe Dios qué angustia / Te acompañó / Qué dolores viejos / Calló tu voz...*

Sigue el poema y la música... Pero ahora seguimos caminado por la poesía de Alfonsina y recordamos sus vuelos interiores en *Date a volar*: *Anda, date a volar, hazte una abeja, / en el jardín florecen amapolas, / y el néctar fino colma las corolas; / mañana el alma tuya estará vieja. / Anda, date a volar, hazte paloma, / recorre el bosque y picotea granos, / come migajas en distintas manos / la pulpa muerde de fragante poma. / Anda, date a volar, sé golondrina, / busca la playa de los soles de oro, / gusta la primavera y su tesoro, / la primavera es única y divina. / Mueres de sed: no he de oprimirte tanto... / anda, camina por el mundo, sabe; / dispuesta sobre el mar está tu nave; / date a bogar hacia el mejor encanto. / Corre, camina más, es poco aquello... / aún quedan cosas que tu mano anhela, / corre, camina, gira, sube y vuela: / gústalo todo porque todo es bello. / Echa a volar... mi amor no te detiene...*

❀ ❀ ❀
Ujamaa

En el círculo del tiempo y de las geografías, siguiendo mi viaje a Ítaca, me encuentro con la poesía africana. Poesía diversa, dolida, alegre, triste, poesía de la vida y la muerte de África, poesía de exilios, migraciones y cárceles, poesía del nigeriano Wole Soyinka. De *Poemas del pan y la tierra*. Del *Ujamaa*. Del socialismo africano que fue la base de las políticas sociales y económicas de Julius Nyerere en Tanzania, luego de la independencias de Inglaterra. El *Ujamaa*, en suahili, es la hermandad de los seres humanos, como la familia grande reunida para hacer el pan, como el socialismo de los hermanos sencillos que se reparten ese pan.

En *Ujamaa*, dedicado a *Nyerere, el poeta dice: El sudor es levadura para la tierra no su tributo. La tierra henchida no desea homenaje por sus labores. El sudor es levadura para la tierra no un homenaje para un dios en su fortaleza. Tus manos de tierra negra desencadenan la esperanza de mensajeros de la muerte, de caninomanoides endogámicos que resultan más macabros que La Parca, insaciables predadores de la humanidad, su carne. El sudor es levadura, pan, Ujamaa pan de la tierra, por la tierra para la tierra. La tierra es la gente...*

❖❖❖
Chinua Achebe

Si seguimos por los caminos de África, tal vez podamos escuchar la palabra del nigeriano Chinua Achebe, quien fue, según Nelson Mandela, el escritor que hizo conocer en el mundo el colonialismo europeo en África. Su novela *Todo se desmorona* relata la historia de una cultura que se destruye, un mundo que cae. La novela de Achebe es también poesía: *La noche era muy tranquila. Siempre eran tranquilas, salvo cuando había luna. La oscuridad significaba un vago terror para aquella gente, incluso para los más valientes. A los niños se les advertía que no silbaran de noche, por miedo a los malos espíritus. Los animales peligrosos se hacían todavía más siniestros e impredecibles en la oscuridad. De noche nunca se mencionaba a la serpiente por su nombre, porque lo oiría. Se hablaba de una cuerda. De manera que aquella noche concreta, a medida que la voz del pregonero se iba quedando gradualmente absorbida por la distancia, volvió a reinar en el mundo el silencio, un silencio vibrante intensificado por el chirrido universal de un millón de millones de insectos de la selva. Las noches de luna todo era diferente. Entonces se oían las voces alegres de los niños que jugaban en los campos abiertos. Y quizá las de quienes no eran tan jóvenes, que jugaban en parejas en lugares menos abiertos, y los ancianos y las ancianas recordaban su juventud.*

Del pequeño texto de la novela *Todo se desmorona* de Chinua Achebe, con música africana de fondo, podemos irnos a escuchar a la cantante sudafricana Miriam Makeba... De la noche, de la oscuridad a la tristeza...

❋❋❋
El novelista y el poeta

Sigamos caminando por la poesía. De Octavio Paz a José Agustín Goytisolo. De *Zapata se queda* a *Palabras para Julia*. De la sonrisa en el tiempo al tiempo en la sonrisa. De la poesía a la canción. De la canción a la memoria. Siguiendo en el camino de la memoria y volviendo de Colombia y Chile, hay una interesante conversación de Gabriel García Márquez y Pablo Neruda realizada en 1971 en Televisión Nacional de Chile, luego que Neruda recibió el Premio Nobel Literatura. La realidad, la poesía, la literatura. "*Tengo la impresión que a medida que uno avanza en el trabajo literario va perdiendo el sentido de la realidad*", dice Gabo. Neruda dice por su parte: "*El poeta tiene cierta tendencia a alejarse de la realidad actual, la realidad viviente*"

"*En el proceso de evolución que va uno sufriendo tengo la tendencia verdaderamente de ir convirtiendo el relato en poesía, casi lo que estoy haciendo ahora y casi como una aspiración de mi trabajo el de encontrar más bien soluciones poéticas que soluciones narrativas*", dice Gabo.

Neruda responde: "*Yo en mi trabajo he ido buscando el modo de contar algo. El que tu vayas siendo llevado hacia la poesía y yo a la narrativa son partes del desarrollo de un escritor, porque hay que meterse en todos los rincones y hay que hacerlo todo*".

"*Yo creo que tu como poeta y yo como novelista y en general los poetas como poetas y los novelistas como novelistas, podemos llegar a una coexistencia pacífica, en el sentido de que los poetas sean cada vez más narradores y los novelistas seamos cada vez mas poetas"*, concluye García Márquez.

Como pájaros, el narrador y el poeta vuelan en busca de una literatura mayor por los caminos de la palabra.

❊ ❊ ❊
Pájaros

Pájaros, las palabras se escurren en los cuadernos como pájaros que se sueltan de la jaula. *Ahora escribo pájaros, diría Julio Cortázar*. La poesía de Nazim Hikmet fue un pájaro que pasó cárceles y persecuciones. Podemos irnos a volver para escuchar una canción en turco sobre alguno de sus poemas, y luego continuar con Elena Roger interpretando *El gigante de ojos azules*, una canción en castellano basada en los versos del gran poeta turco, a los que puso música Dina Rot.

De Turquía podemos ir a Ecuador para escuchar la palabra y el pensamiento de Jorge Enrique Adoum para escuchar su arte poética y después este poema: *Yo me fui con tu nombre por la tierra / Nadie sabe en dónde queda mi país, lo buscan / entristeciéndose de miopía: no puede ser, / tan pequeño ¿y es tanta su desgarradura, / tanto su terremoto, tanta su tortura / militar, más trópico que el trópico?*

Cuando vamos y venimos por los caminos de la poesía, los caminos son infinitos, por lo tanto nunca se dejan de recorrer... Por suerte, más allá y más acá de la pobreza política, la poesía está tan viva que estalla cada día más allá y más acá del amanecer.

❖ ❖ ❖
¿Y ahora José?

Ahora siguiendo el camino de la poesía me quedo por un momento en Brasil para escuchar la palabra de Carlos Drumond de Andrade. Su poema *José,* dedicado a uno que perseguía utopías y en ese camino se quedó solo, derrotado. Con imaginación podría estar dedicado a cualquiera que camina lentamente tras la derrota, haciendo y haciéndose mil preguntas. Tal vez aquel caballero que galopaba por caminos de La Mancha, tal vez: "*¿Y ahora José? / La fiesta acabó / La luz se apagó / El pueblo desapareció / La noche enfrió / ¿Y ahora José? / Y ahora ¿qué dice de usted? / Usted que no tiene nombre / Que se ríe de los otros / Usted que hace versos / Que ama y protesta / ¿Y ahora José? / Está sin mujer / Esta sin palabras / Esta sin cariño / No puede beber / No puede fumar / Escupir no puede / La noche enfrió / El día no vino / El bus no vino / La risa no vino / La utopía no llegó / Y todo acabó / ¿Y ahora José?*"

❖ ❖ ❖
Lua branca, luna roja

Aquel *José* de Drumond perseguía utopías que a veces eran lunas en su imaginación. Ahora, en este viaje a Ítaca, me encuentro observando la luna de Quito. Supongo que es la misma luna de otros lugares, no la luna gigante, no la luna roja, no la luna de lluvia, ni la luna de lobos, no, creo que no es la misma luna de otros lares, es la luna de Quito. Pero aquí y allá, y más allá hay muchas lunas. Recorramos entonces ese mundo de lunas. Empecemos con la *Lua branca* de fulgores y de ensueños a la cual le canta la María Bethania.

De la luna de María Bethania, caminamos hacia Tucumán, en Argentina tierra marcada por una historia de luchas y sufrires varios, de campesinos sin tierra que encuentran en la luna una amiga en quien confiar, esa lunita tucumana es una especie de cómplice, en el camino de la vida. Podemos irnos a volver para escuchar al grupo argentino Los Chalchaleros junto a Fito Páez cantar *Luna Tucumana*.

Si de Tucumán se camina a Buenos Aires, en el camino tal vez podamos encontrar una luna roja como testigo de las idas y venidas que tiene la vida. Una luna roja a la cual le cantó Soda Stereo.

❊ ❊ ❊
Claro de luna

La luna también se reflejó en la creación del genial músico alemán Ludwig van Beethoven. Nunca rompas el silencio si no es para mejorarlo, decía Beethoven. La luna, era en la música de Beethoven como un mensaje del silencio, la luna era una poesía del silencio. Y pensando en el silencio y en la luna, escribió en 1801 la Sonata para piano #14, más conocida como *Claro de Luna*, que podríamos irnos a volver para escucharla ahora en la interpretación de Daniel Barenboim, ese genial pianista argentino.

Luego podemos seguir con *Claro de Luna* de fondo mientras escuchamos al escritor ecuatoriano Edgar Allan García leer ese hermoso cuento titulado *Luna Llena* y recordar así la historia de un amor de siglos tatuado en la luna.

❋ ❋ ❋
Silencios

Nunca rompas el silencio si no es para mejorarlo decía Beethoven. Pero el silencio como la luna a veces tiene sus propios sonidos. Tal vez podríamos irnos a volver para escuchar a *Simon y Garfunkel* interpretar los sonidos del silencio. De esa interpretación ir a escuchar los sonidos de otras lunas, ir a España en búsqueda de lunas nuevas, en busca de lunas viejas, de lunas tristes y alegres, republicanas, lunas de todos. Lunas que se reflejan en guitarras y poemas. Pero esta luna que encuentro ahora es una luna triste de tristeza dulce, triste por la muerte de un niño. Esta la luna, en el Romance de Federico García Lorca, es una señora de la muerte. Entonces puede ser un momento para leer, que es otra forma de escuchar, *Romance de la Luna* de Federico García Lorca. Sino, escucharla hecha canción por *Camarón de la Isla*.

❋ ❋ ❋
Reflejo de luna

Vamos y venimos de la luna. De la luz de la luna, de la sombra, de la luna del reflejo de la luna, de la oscuridad de la luna. Seguimos por los caminos de España para encontrarnos con la guitarra de Paco Lucia interpretando *Reflejo de Luna*. De Paco de Lucía vamos al encuentro de otro español, ese grande de la poesía: Miguel Hernández. A la luna venidera el mundo se vuelve a abrir dice el poema. Pero vamos y venimos por los caminos de la luna, por los caminos de la música que se refleja en la luna. De la poesía a la luna. De la luna a la vida, de la vida a la muerte. Luna de todo rincón. Luna de México. Luna del poeta mexicano Jaime Sabines. Luna de Javier

Solís y Chavela Vargas. *Luz de Luna*, interpretada por Solís o por la gran Chavela: *Yo quiero luz de luna para mi noche triste...* Podemos seguir en México, y en un instante irnos a escuchar a Pedro Infante decir *Deja que salga la luna*.

❋❋❋
Pájaros bajo la luna

Ahora, pensando en los caminos de otros años y escuchando un bandoneón detrás de los recuerdos, se despiertan sueños, sonrisas, lágrimas y miradas en la rayuela del tiempo, cangrejeando de vez el olvido. Así de variado puede ser el viaje, así de diverso pueden ser los sueños, pájaros caminamundos bajo la luz de la luna. Pájaros a los que algunos siempre quieren cortar las alas. Pájaros como aquello a los que canta el uruguayo Ruben Olivera: *estos niños tienen pájaros en la cabeza...* Esos pájaros bajo la luna podrían ser hijos de la luna y del sol.

En todo caso, *la sombra de la luna ya no existe.../ se escondió tras la ventana del sol, entre el rostro de Chaplín y la retina del amanecer...* por eso, me voy a volver para seguir mi viaje.

❋❋❋
Fidelidades

La luna sigue ahí, aquí y en todas partes. Ahora nos ilumina desde Cuba donde, según dicen, se acaba de marchar Fidel Castro.

¿Qué les diré? ¿Qué les puedo decir que no sean los mismos discursos repetidos y vacíos, que se han dado para las cámaras globales? ¿Qué palabras se pueden encontrar para recordar al comandante Fidel Castro que, como diría Juan, entró en la muerte, según dicen por ahí? ¿Qué palabras que no sean tan grandes como para hacer una alabanza desmedida de su camino, y ocultar la pequeñez de tantos? ¿Qué palabras que no sean tan pequeñas como para desdibujar su camino y demostrar así la microscópica vida y muerte de tantos? ¿Qué palabras para describir el camino de Fidel Castro?

En todo caso, las palabras que defienden las luchas de los pueblos son de todos, en cualquier lado que se digan, no pertenecen a una persona sino a todas, como las que escuchamos en aquel discurso de 1979, en las Naciones Unidas, en que Fidel dijo: "*Se habla con frecuencia de los derechos humanos, pero hay que hablar también de los derechos de la humanidad. ¿Por qué unos pueblos han de andar descalzos para que otros viajen en lujosos automóviles?... ¿Por qué unos han de ser míseramente pobres para que otros sean exageradamente ricos? Hablo en nombre de los niños que en el mundo no tienen un pedazo de pan. Hablo en nombre de los enfermos que no tienen medicinas. Hablo en nombre de aquellos a los que se les ha negado el derecho a la vida y a la dignidad humana. Unos países tienen mar, otros no. Unos tiene recursos energéticos otros no. Unos poseen tierras abundantes para producir alimentos, otros no. Unos, tan saturados de máquinas y fabricas están, que, ni respirar se puede el aire de sus atmosferas envenenadas; otros no poseen más que sus escuálidos brazos para ganarse el pan. Unos países poseen, en fin, abundantes recursos, otros no poseen nada. ¿Cual es el destino de estos? ¿Morirse de hambre? ¿Ser eternamente pobres? ¿Para qué sirve entonces la civilización? ¿Para qué sirve la conciencia del hombre? ¿Para qué sirven las Naciones Unidas? ¿Para qué sirve el mundo? No se puede hablar de paz, en nombre de decenas de millones de seres humanos que mueren cada año de hambre o enfermedades curables en todo el mundo. No se puede hablar de paz en nombre de 900 millones de analfabetos. La explotación de los países pobres por los países ricos debe cesar. Se que en muchos países pobres hay también explotadores y explotados. Me dirijo a las naciones ricas para que contribuyan, me dirijo a los países pobres para que distribuyan. Basta ya de palabras. Hacen Falta hechos."*

Hacen falta hechos. Las palabras son, a veces, como imágenes escondidas en la memoria. La memoria es como un laberinto por donde caminan los recuerdos. Los recuerdos como las palabras, pueden tener la libertad de los escritores o estar presas en ese laberinto de la memoria. Hay palabras que se pierden en el camino, hay palabras marcadas por la pasión o el miedo, hay palabras cubiertas de dolor, hay palabras eternas y fugaces. Pero las palabras, sean eternas o fugaces, nos sirven para construir el mundo que queremos o el mundo que no queremos. De los golpes con la realidad, nacen palabras que desde su alumbramiento, son parte palpitante de la historia, se hacen síntesis de ideales y pasiones. La palabra revolución, por ejemplo, con el andar de los siglos se fue entrampando en su propio laberinto. Ahora cualquier cosa puede ser llamada de revolución. Pero más allá de las farsas y los farsantes todavía hay necios para seguir caminando, para seguir construyendo y reconstruyendo el camino las veces que sea necesario. Como decía Silvio Rodríguez en aquella canción: *...Me vienen a convidar a arrepentirme, me vienen a convidar a que no pierda, me vienen a convidar a indefinirme, me vienen a convidar a tanta mierda... Pero, yo me muero como viví...*

La palabra revolución se fue marchitando. Sin embargo, hay momentos históricos que no solo reivindicaron la palabra, si no que se constituyeron en hechos fundamentales para posicionar la revolución social en la memoria colectiva.

No sé porqué ahora se me ocurre escuchar *Imagina*, aquella canción de John Lennon en la que dice, sigue diciendo: *"Imagina que no hay posesiones,/ me pregunto si puedes./ Sin necesidad de gula o hambruna, / una hermandad de hombres./ Imagínate a todo el mun-*

do, / compartiendo el mundo… / Puedes decir que soy un soñador, / pero no soy el único. / Espero que algún día te unas a nosotros, / y el mundo será uno solo".

Del significado de la palabra Revolución en el camino del tiempo al significado de la derrota y la victoria. De la derrota a la victoria. De la derrota a la esperanza. De la esperanza al camino nuevamente.

No sé si la historia absolverá a Fidel. Finalmente la historia siempre será contada por los vencedores. Pero la historia está ahí, va y viene. A veces se va a volver. Pero no creo que absuelva a nadie, solo vuelve y el camino sigue. Un día, tal vez algún día regrese al punto en que un puñado de revolucionarios solo hicieron la revolución, nada más, nada menos. *Próxima estación Esperanza* diría Manu Chao…

❋❋❋
Momento único

Pero la esperanza está hecha de momentos. El viaje a Ítaca, nos coloca a veces en momentos que son difíciles de describir con palabras. Momentos casi mágicos en los que uno comprende que la cultura, el arte, la música, tienen instantes y espacios en los cuales se reinventa el sentido mismo de la vida. La vida se inventa y se vuelve a inventar y se reinventa nuevamente en esos momentos. Ver, escuchar, y casi volar con la Orquesta Filarmónica de Berlín, un primero de enero, interpretando la Novena Sinfonía de Beethoven, o el Himno a la Alegría como es más conocida, nos coloca ante uno de esos momentos. Un instante de emoción, de creación, de arte, en el que uno mismo se reinventa un poco y se siente tocado por un sentimiento un tanto misterioso que nos trasmite una fuerza que está más allá y más acá de nosotros mismos.

Setenta músicos, grandes solistas, un coro de más de 120 personas, un director que vive la música, el teatro de la filarmónica repleto y un público que vibra. Son momentos que se quedan en la piel y en la memoria, tal vez irrepetibles. El momento es ese. Lamentablemente, no puedo trasladarlo a la lectura, pero puedo invitar a que nos vallamos a volver para escuchar la Novena de Beethoven en otro momento...

❋ ❋ ❋
Momento de libertad

El último movimiento de la Novena Sinfonía de Beethoven, para solistas y coro, está basado en el poema *Oda a la Alegría* del poeta alemán Friedrich von Schiller. Música y poema que caminan en el tiempo como símbolos de libertad. Pero, siendo un momento único en su creación, Schiller no fue solamente autor de ese poema. Schiller es uno de los dramaturgos más trascendentes de la Europa del siglo XIX, con obras como *Los Bandidos*, *Guillermo Tell*, con una gran influencia de Shakespeare, con dramas intensos, lenguaje e imágenes muy fuertes. Fue, además, junto a Goethe, uno de los pensadores más importantes de Alemania en reivindicar los ideales de igualdad, libertad y fraternidad. Asumió el arte y la cultura como partes fundamentales en la construcción de un proyecto liberador. En su ensayo *"Sobre la educación estética del hombre"*, dice: *"La construcción de la auténtica libertad política... es la más completa de todas las obras de arte"*.

Ahora podemos irnos a caminar por una versión más nueva de la *Oda a la alegría*, interpretada por los cantantes Miguel Ríos, Ana Belén y Joan Manuel Serrat entre otros, unidos a un gran coro. Es una interpretación colectiva que fue parte de un momento único en el camino de reivindicación permanente de la alegría. En defensa de la alegría diría el querido Mario Benedetti.

❖❖❖
Momento de bibliotecas

Las distintas versiones del Himno a la Alegría muestran y demuestran que solo el arte y la creación pueden irse a volver por los tiempos. Pueden ser la parte más viva de los tiempos. En esa parte más viva de los tiempos, hay momentos que se quedan en la piel y en la memoria, momentos tal vez irrepetibles, como entrar en la biblioteca Ana Amalia en Weimar, la ciudad de Schiller y de Goethe.

Weimar es casi un homenaje al pensamiento libre, y esa biblioteca de un millón de libros, con un edifico de estilo clásico y otra parte más moderna, es como un homenaje al libro. Cuando uno entra en ese mundo, parece estar entrando en la vida de los libros, en el corazón, en el alma de los libros. Es una biblioteca única. Hay pocas bibliotecas únicas en el mundo, dónde el libro es parte del camino de la gente, es parte de la rosa de los vientos, es parte del viaje a Ítaca. La rosa de los vientos es, también, la propia vida en una canción del grupo Mago de Oz.

Pero, todas las bibliotecas pueden ser espacios mágicos, donde uno puede encontrar lecturas-aventuras y vidas inimaginables, pues si uno entra a sus locales, camina por sus pasillos y recorre sus estantes, puede ser que abra algún libro y aparezca Proust, Cortázar, Guimarães Rosa, Jorge Icaza, Joyce. Puede que pase algo similar a lo del film *La rosa púrpura de El Cairo*, y algún personaje, en lugar de saltar de la pantalla, salte de las páginas a la realidad del lector.

El mundo de una biblioteca muchas veces olvidadas por las autoridades de la cultura, está lleno de magia, como el mundo del libro. Pero imaginemos que entramos a una biblioteca, imaginamos que tomamos un libro cualquiera, imaginemos que disfrutamos de ese libro... Imaginemos que nos cuenta de un viejo que lucha con el mar, con un gran pez, y nos habla de la realidad de los caseríos que están en la orilla y a través de ella, de la vida y sus entretelones. O que nos habla de un capitán que escribe versos a su amada, que vive y muere en cada verso, en cada batalla. O que nos dice historias de una Maga que no saca conejitos de la galera pero hace magia *caminamundeando* por París.

Mejor no imaginemos, entremos a una biblioteca, entremos a la imaginación... Pero luego, detengámonos por un momentos en *Rebelión en la Granja* de George Orwell. Aunque esta vez no entraremos por las puertas del libro sino a través de la creación de Pink Floyd en *Animals*. Desde la música, también podemos entrar al mundo de un gran libro. La imaginación en el camino de la creación es también un instante único. Un momento en que, de alguna manera, el creador o la creadora se reinventan a si mismos, reinventando la vida misma.

❖ ❖ ❖
Momento en Lisboa

Aquel poeta portugués que de tanto hacer poesía se convirtió en decenas de poetas se aparece nuevamente en mi viaje. Se hizo de una vez y para siempre muchos poetas. Es uno y muchos. Su soledad es la de uno y la de muchos. Tal vez por eso se aparece muchas veces.

Mientras recorro la biblioteca de Fernando Pessoa en Lisboa, veo que la imaginación del portugués es también un instante único de la poesía, un instante de la vida misma. La imaginación de los poetas pueden ser también instantes que se quedan en la piel y en la memoria de los tiempos.

Único es también el Museo del Fado, esa música portuguesa llena de melancolía, donde me encuentro con poemas del poeta portugués, musicalizados por grandes cantantes de fado. Ahora podemos irnos a volver para escuchar. *Há uma música do povo*, un fado basado en un poema de Fernando Pessoa y que en una parte dice así: *"Hay una música del pueblo / No sé decir si es un fado / Pero me consuela tanto / La vaga e triste canción / Que mi alma ya no llora / Ni tengo ya corazón".*

❖ ❖ ❖
Momento de lágrimas

De la *Novena Sinfonía* de Beethoven interpretada por la Orquesta Filarmónica de Berlín caminamos por momentos que nos brindan la música, el arte, la literatura, instantes de sensibilidad y libertad que nos da la creación. Momentos de la vida misma, instantes de mi viaje a Ítaca.

Ahora, recuerdo a Tracy Chapman interpretando ¿*Why?* en 1988, durante un evento de Amnistía Internacional. Hermosa canción, gran interpretación, otro momento único en el camino. Los momentos únicos de la creación no se repiten.

Dice la canción algo así como: *¿Por qué los niños se mueren de hambre. Cuando hay suficiente comida para alimentar el mundo? ¿Por qué cuando somos tantos todavía hay gente sola? ¿El amor es odio? ¿La guerra es paz? ¿El no es sí? Entre todas estas preguntas y contradicciones hay algunos que buscan la verdad.*

Es una canción que se escucha entre lágrimas. Pero las lágrimas, a veces también son instantes únicos. La creación puede recoger lágrimas y hacerlas poesía, hacerlas vida en la vida.

❋❋❋
Metamorfosis de un momento

Cuando uno recorre una exposición del gran artista catalán Joan Miró también recorre un momento único como único fue el instante de su creación en cada obra. Entonces podemos recorrer diversos mundos a través del arte. El mundo temprano. El mundo tardío. El mundo sin retorno. El mundo de los otros. El mundo de las caras y de las más caras. Caras y más caras. Metamorfosis del mundo. Cuerpos que cambian. Miradas que cambian. Acróbatas, monstruos. Pero si vemos bien, tal vez al recorrer una exposición de Miró nos encontremos también con cronopios y famas aquellos personajes de Julio Cortázar que también surgieron de un momento único en la creación literaria.

La pintura de Miró y las letras de Cortázar caminan juntas. Como la pintura de Miró, la literatura de Cortázar surgió de un momento, de un mundo en metamorfosis. En realidad son parte de la metamorfosis de un momento. No sé bien porqué, ahora se me ocurre recordar aquel viejo *Cuento sin moralejas* de Julio, leído por él mismo, con aquella voz tan particular.

❋❋❋
Momento para redoblar

De los momentos únicos de Joan Miró y Julio Cortázar podemos irnos a vivir una canción compuesta por los uruguayos Mauricio Ubal y Ruben Olivera interpretada por el grupo *Rumbo*. Una canción que también se constituyó en un instante único de la creación contra la dictadura. Un momento único en mi viaje. Un himno a la alegría contra la dictadura, que decía: "*Volverá la alegría a enredarse con tu voz / A medirse en tus manos y a apoyarse en tu sudor / Borrará duras muecas pintadas / sobre un frágil cartón de silencio / y en aliento de murga saldrá./ A redoblar, a redoblar, a redoblar muchachos esta noche / cada cual sobre su sombra, / cada cual sobre su asombro a redoblar, desterrando, / desterrando la falsa emoción... / el beso fugaz, la mascarita de la fe... / A redoblar muchachos la esperanza / que su latido insista en nuestra sangre / para que ésta nunca olvide su rumbo. / Porque el corazón no quiere entonar más retiradas."*

De la *Oda a la Alegría* fuimos *A Redoblar*, porque no hay duda que la alegría como la esperanza, siempre regresan. A veces se van a volver de momentos en momentos por la vida de la creación, pero regresan a redoblar...

❋ ❋ ❋
Promesas electorales

Quienes ponen su esperanza en la elecciones, esperan que estas sean, puedan ser, un momento para mejorar sus vidas. Hay quienes, ya de vuelta y decepcionados no creen en esos eventos que cada día se alejan más de la democracia plena y pasan a ser una farsa de la publicidad. En fin... la democracia puede ser solo una ironía.

Más allá y más acá de la ironía, lamentablemente las elecciones son, en buena parte apenas una parodia de la política. Una parodia semejante a la que representa Mario Moreno Cantinflas en la película *Si yo fuera diputado*, cuando el peluquero de barrio llega a legislador. Entonces, ahora podríamos escuchar el discurso de Cantinflas al comenzar la campaña. El discurso como parte de la parodia, la parodia como discurso. La película fue una parodia de la realidad de México y de algunos países latinoamericanos a inicios de la década del 50. El discurso de Cantinflas como diputado ya electo también es imperdible. El discurso como parte de la parodia, pero ahora luego del triunfo.

Las elecciones pueden ser una parodia en el cine o en la música. Entonces podemos escuchar al cantante mexicano José de Molina con la canción *Partidos y partiditos*, que también parodia las elecciones en México pero pueden ser elecciones en muchas partes.

Si venimos más cerca en el tiempo *La Dictadura Perfecta* del director mexicano Luis Strada, muestra la farsa electoral y el papel de los grandes medios de comunicación en esa farsa con una parodia que golpea la conciencia. Antes, el cineasta mexicano lo había hecho con *La ley de Herodes* y *El Infierno*, dos películas que también golpean la conciencia. El cine de Estrada es una parodia de la realidad. Una parodia de la trágica realidad de ese país.

De México vamos a Venezuela para recordar que las promesas de los candidatos en la Venezuela de Carlos Andrés Pérez generó una parodia del compositor popular venezolano Cazador Novato, con la canción *Cuando yo sea Presidente*, con un candidato que ofrecía hacer puentes donde no había ríos y los ríos también.

✦ ✦ ✦
El Candidato

Vamos y venimos del pequeño mundo electoral. De la parodia a las promesas. Del cine a la música. De la farsa al papel de ciertos medios de comunicación. De las elecciones a las palabras que se lleva el viento. Pero seguimos el viaje.

El candidato es una película política, ganadora de un Óscar al mejor guion original en el año 1972, dirigida por Michael Ritchie y protagonizada por Robert Redford. El candidato cuenta una campaña para senador en el estado de California en Estados Unidos. Las propuestas enfrentadas, las promesas, el papel del marketing como creador de un producto electoral. Es una película de 1972 y parece tan actual. Puede ser un buen momento para mirarla.

En *El Candidato*, finalmente gana la elección aquel que tenía menos probabilidad, por su discurso, sus acciones osadas y su publicidad diferente. Fue una derrota del sistema político tradicional. Mientras la película *Si yo fuera diputado* de Cantinflas es una parodia un tanto irónica de la realidad, *El Candidato* es una fotografía crítica de la realidad.

En todo caso, hay quienes hacen de todo por una candidatura. A veces, hasta pierden la dignidad. Ven en una candidatura la posibilidad de un buen salario. Entonces se acomodan a como soplen los vientos. Es la parodia y la farsa hecha realidad. Si Cantinflas hacia una parodia de la realidad estos personajes hacen que la realidad sea una parodia.

❖❖❖
Tiempos modernos

La democracia de papel y la parodia electoral son pequeños momentos de este viaje y solo instantes mínimos en la historia del capitalismo. Por eso, ahora se me ocurre irnos a volver del capital, por historias que condicionan los tiempos.

Cuando ya tenía las respuestas me cambiaron las preguntas decía un grafiti escrito en los muros de Quito hace ya algunos años. Parece que las preguntas siguen cambiando aunque muchos políticos no tengan las luces para entenderlo. También hay preguntas y respuestas que permanecen ahí, intocables, como parte de un llamado a la conciencia colectiva del mundo. En todo caso, más allá del grafiti y de las pocas luces, hay una escena de la película *Tiempos Modernos* de Charles Chaplin que es un irónico llamado a pensar en el absurdo como forma de vida en la sociedad capitalista.

Dice más o menos así: *"Buenos días amigos. Este disco es una grabación de la compañía de transcripción de servicios de ventas y asociados. Les habla el vendedor mecánico. Tengo el gusto de presentarles al señor Beloux. Inventor de la máquina de comer Beloux, un práctico aparato que alimenta a sus hombres mientras trabajan. Suprima el descanso del almuerzo, adelántese a la competencia. La máquina de comer Beloux eliminará la hora del almuerzo aumentará su productividad y reducirá el capítulo de gastos. Permítame mostrarle algunas características de esta maravillosa máquina: la belleza de su moderna línea aerodinámica, lo suave y silencioso de sus movimientos gracias a nuestros rodamiento de metal electrófono. Permítanos llamar su atención sobre el plato de sopa automático con emisor de aire incorporado. No hace falta soplar, ni un ápice de energía derrochado en enfriar la sopa. Note el plato giratorio con el brazo automático que empuja la comida... Permítanos hacer una demostración con uno de sus trabajadores porque una imagen vale mas que mil palabras. Permítanos recordarle que si quiere seguir a la cabeza de sus competidores no puede permitirse ignorar la importancia de la máquina de comer Beloux".*

Tiempos Modernos fue estrenada en 1936. La escena de la máquina de comer, es una de los pocas con sonido, además de la música y el ruido de las máquinas. Este filme de Chaplin es una crónica de la industrialización y la explotación capitalista. Una crónica de ese momento y del futuro en el capitalismo. Una crónica sobre la deshumanización de los trabajadores. Una crónica muy actual por cierto. La exigencia de productividad, el desarrollo de la producción en cadena, el trabajo como mercancía. Un llamado a entender la sociedad creada por el capitalismo... En esa realidad, ¿será posible una verdadera democracia? En fin...

❋❋❋
Bertolt Brecht

Un año antes del estreno de la película de Chaplin, un gran dramaturgo y poeta alemán escribía un poema que hasta hoy es otro llamado a comprender la historia de los trabajadores y la historia del capitalismo. Un poema de preguntas. En este caso son preguntas que no cambiaron. Y las respuestas también son las mismas. Tal vez nos toque reinterpretarlas para ver que la historia sigue siendo hoy la misma. Entonces, es necesario irse a volver para leer o escuchar *Preguntas de un obrero* que lee, de Bertolt Brecht: "¿Quién construyó Tebas, la de las siete Puertas? / En los libros aparecen los nombres de los reyes. / ¿Arrastraron los reyes los bloques de piedra? / Y Babilonia, destruida tantas veces, /¿quién la volvió siempre a construir? ¿En qué casas de la dorada Lima vivían los constructores? / ¿A dónde fueron los albañiles la noche en que fue terminada la Muralla China? / *La gran Roma está llena de arcos de triunfo. ¿Quién los erigió? / ¿Sobre quiénes triunfaron los Césares? / ¿Es que Bizancio, la tan cantada, sólo tenía palacios para sus habitantes? / Hasta en la legendaria Atlántida, / la noche en que el mar se la tragaba, / los que se hundían, gritaban llamando a sus esclavos. / El joven Alejandro conquistó la India. ¿Él solo? / César derrotó a los galos. ¿No llevaba siquiera cocinero? / Felipe de España lloró cuando su flota fue hundida. ¿No lloró nadie más? / Federico II venció en la Guerra de los Siete Años / ¿Quién venció además de él? / Cada página una victoria. ¿Quién cocinó el banquete de la victoria? / Cada diez años un gran hombre. ¿Quién pagó los gastos? / Tantas historias. / Tantas preguntas...*".

Siete años antes de este poema, en 1928, Bertolt Brecht escribió una de las obras que marcó la dramaturgia del siglo XX: *La opera de los tres centavos*. Con música del compositor alemán Kurt Well, es una obra que critica el orden capitalista, representado en una sociedad de vividores. Obra que también fue llevada al cine. Pero ahora escuchemos *Tango de los marineros*, un poema de Brecht con música de Kurt Well interpretado por la cantante austríaca Lotte Lenya. *La Mujer del soldado* es otra gran canción con letra de Brecht y música de Well. El grupo de tango argentino *La Chicana* realizó una excelente versión tangueada que hay que escuchar. El gran cantautor vasco Mikel Laboa, también le puso música a la poesía de Bertolt Brecht y podríamos escuchar *Contra las ilusiones*, una canción sobre la vida. Por su parte, la actriz y cantante catalana Núria Espert también cantó la poesía de Brecht traducida al catalán.

Qué decía Brecht, ese dramaturgo y poeta alemán anticapitalista y antifascista a los hombres del futuro, en aquel momento tan difícil: "¡Qué tiempos éstos en que hablar sobre árboles es casi un crimen, porque supone callar sobre tantas alevosías!... / Desgraciadamente, nosotros, / que queríamos preparar el camino para la amabilidad / no pudimos ser amables. / Pero vosotros, cuando lleguen los tiempos en que el hombre sea amigo de*l hombre*, / *pensad en nosotros con indulgencia."*

❊❊❊
Metrópolis

Doce años antes de que Bertolt Brecht escribiera el poema *Preguntas de un obrero que lee*, otro alemán, el cineasta Fritz Lang, estrenó la película *Metrópolis*, que mostraba cómo sería el capitalismo en el futuro. En una gran ciudad del siglo XXI los obreros viven en un gueto subterráneo donde están las industrias, prohibidos de salir al mundo exterior. Es la sumisión total de los trabajadores. Si Brecht escribió a los seres humanos del futuro, Fritz Lang hizo una película sobre los trabajadores del futuro.

Metrópolis se desarrolla en el año 2026, en una ciudad-estado de enormes proporciones llamada *Metrópolis*. Más allá de los elementos particulares, y el simbolismo propio, la película es una metáfora de la sociedad capitalista. Existen dos clases: la élite de propietarios y pensadores que viven entre grandes edificios y los trabajadores que viven debajo de la ciudad que trabajan sin cesar para mantener el modo de vida de los de la superficie. Metrópolis es una de las pocas películas considerada como Memoria Histórica por la Unesco. A mediados de los años 80 el compositor Giorgio Moroder, restauró *Metrópolis* coloreó escenas y añadió una banda sonora. El hecho fue visto como una provocación. En todo caso, hizo recordar la película. De esa Banda Sonora creada para la película *Metrópolis* restaurada podríamos escuchar a John Anderson interpretar *Jaula de libertad*. La letra de esa canción dice algo así como: "*Esa es nuestra prisión, Donde el carcelero y el cautivo conviven. Jaula de libertad, creada por el poder. La ambición ciega roba nuestra razón. Pronto estamos detrás de esas barras invisibles. No hay escape en este mundo fabricado por nosotros mismos*".

❖❖❖
Don Dinero

Tanto Charles Chaplin en *Tiempos Modernos* como Fritz Lang en *Metrópolis*, describen a su modo, y con ciertas particularidades una sociedad que, Carlos Marx, otro alemán estudió como pocos. En 2017 se cumplieron 150 años de la primera edición de *El Capital, Crítica de la economía política*. Un trabajo que marcará la historia del siglo XX, y que hasta hoy sigue vigente.

La obra es un tratado de economía, un tratado político-social y un tratado filosófico. Es la obra que desmenuzó el capitalismo y las relaciones capitalistas en todos sus aspectos. Si bien el libro se escribió en un determinado momento histórico, su capacidad de entender el sistema capitalista y su desarrollo futuro, así como el método de investigación, son totalmente actuales.

Marx le quitó la máscara al capitalismo y evidenció el control económico de la clase dominante para mantener la explotación sobre la clase dominada. Dejó en evidencia que las relaciones dentro del capitalismo tarde o temprano llevan a una deshumanización de la sociedad.

En esa sociedad, poderoso caballero es *Don Dinero*, como diría Francisco de Quevedo y lo recuerda siempre el cantautor Paco Ibañez: *"Madre, yo al oro me humillo, / Él es mi amante y mi amado, / Pues de puro enamorado / De continuo anda amarillo; / Que pues, doblón o sencillo, / Hace todo cuanto quiero, / Poderoso caballero / Es don dinero".*

❖❖❖
Estatuas

Cuando uno observa las estatuas de Carlos Marx y su colega Federico Engels en Berlín, mira la gente que concurre de distintos países, los estudiantes que llegan a veces con curiosidad y otras con un profundo respeto, entiende que esas estatuas tienen más vida que tantos políticos actuales. Porque el pensamiento y la acción de ellos traspasaron los años. Fueron derrotados en el corto plazo pero adquirieron vigencia histórica, a pesar de las campañas en su contra. A pesar del propio capitalismo que se impuso.

Cuando uno analiza el decurso de la sociedad capitalista, ve que en *El Capital* se describió, hace 150 años, cuál sería el camino del mundo. El proceso de producción del capital, el proceso de circulación del capital, el proceso de producción capitalista, la mercancía, el dinero, el salario y la explotación del trabajo, la explotación de una clase sobre otra y la lucha de clases, la transformación del dinero en capital, las ganancias de la clase dominante, el proceso de acumular y acumular capital y el papel de la clase obrera. Cientos y tantos años después *de Marx, John Lennon le cantó* a los trabajadores de distintas formas. Ahora, nuevamente hago un alto en el camino para escucharlo interpretar *Héroes de la clase obrera*.

❊❊❊
Síntesis

Los análisis sobre el capitalismo que vinieron después de Carlos Marx, incluso cuando sus autores fuesen contrarios a su análisis, tuvieron que tenerlo en cuenta. Hoy hasta los grandes personeros de las empresas transnacionales o financieras internacionales recurren a Marx para entender mejor el sistema que defienden.

Ciento cincuenta años después de publicada la primera parte de *El Capital*, el capitalismo está en crisis pero no es una crisis terminal. El capitalismo logra reconvertirse mantener su hegemonía. Buena parte de los sectores de izquierda o denominados progresistas prefieren ser peones del capitalismo, gozar de sus mieles por un lado y señalar en el discurso que trabajan para humanizar el capitalismo.

En fin... Ahora recuerdo un poema que escribí un día cualquiera con mucha ironía: En síntesis: se murió el capitalismo./ Bueno, en realidad no se murió,/ se murió uno que dijo/ que el capitalismo se había muerto./ Bueno, en realidad no se murió,/ se murió uno que escribió en un libro/ que hubo uno que dijo/ que el capitalismo se había muerto./ Bueno, en realidad no se murió,/ se murió el que me contó/ que hubo uno que escribió en un libro/ que otro había dicho/ que el capitalismo se había muerto./ Bueno, en realidad no se murió,/ se murieron unos/ cruzando el Mediterráneo/ y otros cruzando la frontera mexicana/ para ver si el capitalismo se había muerto./ En síntesis: Wall Street no es un cementerio".

❖ ❖ ❖
Utopías apocalípticas

Entonces, ¿en este mundo del capital serán posible pensar en utopías? Decía el escritor Mario Vargas Llosa que *"las utopías sociales son apocalípticas"*. Pero en este mundo solo existen realidades sociales, políticas y económicas; que nos muestran que este planeta viene caminando mal y va para peor; realidades que nos dicen que la miseria, el asesinato de niños de la calle, la agresión al medio ambiente, las guerras absurdas, las mentiras de ciertos políticos, no son una utopía. Realidades que deben ser cambiadas por otras realidades, no por utopías.

Además, un sistema como el capitalista, que engendra modelos como el neoliberalismo, que ayuda a su perpetuación pero aporta también en su autodestrucción. Un sistema que transforma a los seres humanos en caníbales. Un sistema con esas características (y otritas tan malas como esas) es lógico que no pueda, ni deba, sobrevivir. Un sistema como ese, sin lugar a dudas, es a la vez una realidad apocalíptica y una utopía apocalíptica, donde todo se compra y se vende.

Hay una canción sobre letra de José Ramón Catalán interpretada por José María Alfaya y el *Taller de los reinsertables*, que describe esa realidad: "*Si usted no tiene un alma que vender / Si no le angustia la necesidad / Si no le tienta el lujo ni el poder / Si no es esclavo de la propiedad / Si no posee carné de conducir / Si no navega ni por In-*

ternet / Si le importa un carajo el porvenir / Si no tiene hipotecas ni chalé / Usted no es de este mundo, créame / Pero le encontraremos su lugar / Porque algo le tendremos que vender / O algo nos tendrá usted que comprar / Si depende de un sueldo nada más / Si vive en un pisito de alquiler / Si no hace ningún daño a los demás / Si su único enemigo es usted / Si en todos estos años no trepó / Si nunca se abrió paso en plan brutal / Si alguna vez favores devolvió / Si a ratos se siente sentimental / Usted no es de este mundo, créame / Pero le encontraremos su lugar / Porque algo le tendremos que vender / O algo nos tendrá usted que comprar... ".

❈❈❈
Imperio

Si recordamos la película *Tiempos Modernos* de Charles Chaplin, si pensamos en el poema *Preguntas de un obrero que lee* de Bertolt Brecht, si repasamos la película *Metrópolis* de Fritz Lang, veremos que en la actualidad mucho de los que ellos contaron o señalaron como algo del futuro es vigente.

Si releemos *El Capital* y recurrimos al pensamiento de Carlos Marx, ciento cincuenta años después, veremos que la sociedad capitalista sigue intacta reproduciéndose a si misma y también, aunque suene paradójico, autodestruyéndose a si misma.

En la actualidad, el capitalismo ha generado un imperio global que asume formas y connotaciones distintas al imperio tradicional. Se trata de una especie de coalición mundial integrada por países, grandes corporaciones, sistema financiero global, ciertas multilaterales, entidades de arbitraje internacional, y otras tantas instancias entrelazadas entre si y al servicio de un poder global sustentado por el capital.

Un sistema de pensamiento único homogeneizado y hegemonizado política, económica, comercial y culturalmente.

Pero los dueños del capital le hacen creer a la gente que en este sistema tendrán días de gloria, como cuenta el grupo *Porca la Pipa* en su canción que dice más o menos así:

"Písale la cabeza a tu hermano débil / Úsalo *de escalera para vos / Nunca te preocupes más que por tu vida / Y por juntar dinero sin razón / Y tendrás gloria / Días de gloria solo para vos / Y cuida tu apariencia / Mas que tu conciencia / Y más que tu propio corazón... / No uses nunca ropa que no esté a la moda / Créete que no hay nadie como vos / Y tendrás gloria... / Debes salir primero / Debes ser el mejor / Humillar a tu hermano / Debes ser un traidor / Y tendrás gloria...".*

❁ ❁ ❁
Consumo gusto

El sistema capitalista como sistema y los dueños del capital tiene la capacidad de involucrar a toda la sociedad en su intento de perpetuidad: se asumen leyes para fortalecer el capital, se llevan adelante acciones que consoliden el capital, se implementan modelos de desarrollo para que los dueños del capital tengan más capital, se implementan políticas que promueven el consumismo para reproducir el capital.

El grupo *Ska-P* con ironía describe el consumismo en su canción *Consumo gusto*: "*Comprar, cosas que no valen pena / Comprar, para olvidarlas en el desván / Comprar, es un placer excepcional / Comprar, como me gusta despilfarrar / Todo el día currando como un cabrón hasta las 10 / Por un salario de mierda / que no me llega a fin de meses / Pero la tele me dice que tengo que consumir / Acepto con sumo gusto yo me dejo persuadir / Pagar, el colegio del chaval / Pagar, la puta luz, el agua y el gas / Pagar, la residencia de mamá / Pagar, mi vida consiste en aforar / Pago la letra del coche, pago la cuota de comunidad / Pago la puta hipoteca, pago la cuenta que debo en el bar / Pago la letra del video, pago la letra del televisor / Pago el seguro del coche, pago la letra del ordenador / Puto dinero, puto dinero / La sociedad de consumo me ha convertido en un servidor / Puto dinero, puto dinero / Siempre con el agua al cuello, esta es la vida de un consumidor / Esclavo de la puta publicidad / Esclavo soy / Esclavo, la sociedad del bienestar no es para todos por igual / Aquí termina la historia de este humilde trabajador / Que ha sido utilizado y ni siquiera se ha enterao / Quien saca la tajada quien maneja este tinglao / Los que están por arriba los que parten el bacalao...".*

Los dueños del capital, o sea los que parten el bacalao, promueven un modelo económico que apuesta al libre comercio mal entendido, donde quienes dirigen el mercado son las grandes corporaciones, buscan que la política comercial se base en los tratados de libre comercio con las grandes potencias, tratados neocoloniales que van contra la mayoría de los trabajadores, favorecen la especulación financiera, las importaciones superfluas, el consumismo...

La desvalorización del mundo humano crece en razón directa de la valorización del mundo de las cosas dijo Carlos Marx hace un siglo y tanto... y así estamos... Libertad para el capital, deportación para los migrantes y muros, muchos muros en el camino...

❖ ❖ ❖
Muros con Trampas

Muros y más muros. El mundo no se cansa de pensar en muros para las personas, para los pensamientos, para la vida. Libre, en cambio, circula el capital que lo gobierna, libre está, saltando los muros.

El presidente de los estados que se unieron o se anexaron al norte de América, habla de muros. Habla de muros el señor Trampas.

Para el señor Trampas, México debía ser un estado más de su país y no había problemas. El señor Trampas habla de muros para la gente pero pregona la libertad para los bancos. Total libertad para el dinero de los grandes acumuladores de capital y de cosas. Los bancos y el señor Trampas son libres. Pero las trampas muchas veces fallan y los muros tarde o temprano caen. Siempre es bueno irse a volver por algunos muros en el camino, para no olvidar que estuvieron o están ahí. Podríamos empezar por ciertos muros de la educación, muros que controlan el pensamiento, muros de control, a los cuales describió el grupo Pink Floyd en *The Wall,* muros que caen.

❀❀❀
Muros en Palestina

Sigamos caminando por los muros, mejor sigamos saltando muros. Sigamos derribando muros. En Cisjordania, Palestina, el gobierno de Israel hizo un muro que ha destruido una gran cantidad de tierras de cultivo palestinas, apoderándose incluso de las fuentes de agua. Derribemos ese muro haciendo conocer al mundo lo que ocurre. Tal vez no podamos ir con pico y pala a derribarlo, pero podemos multiplicar por cientos de millones el grito palestino contra ese muro de la vergüenza.

Antes mencionaba a Pink Floyd intentando derribar con su música los muros de la educación. Ese mismo grupo, en *Song for Palestine*, de hace muchos años, llamaba a derribar los muros de las cárceles donde estaban los presos políticos palestinos. La canción dice algo así como: "*En lo profundo de mi corazón, yo creo, Que va-*

mos a caminar de la mano un día, Y vamos a derribar las paredes de la prisión. Juntos vamos a derribarlo, los muros de la prisión, en ese día. La verdad nos liberará a todos en ese día. Y venceremos en ese día". Las canciones también derriban muros y murallas.

Pero el pueblo judío no es parte del poder que maneja Israel. Buena parte de ese pueblo también quiere derribar el muro que los separa de Palestina. El muro de piedra y el muro mental. También quieren convivir en paz. El músico y compositor Moti Deren, de origen judío sefardí, nació en Cuba, caminó por varios países y se hizo ecuatoriano, dónde ha hecho aportes a la música y ha estado comprometido con causas populares. Algunas cantigas judías que ha interpretado, son, de alguna manera, un mensaje intercultural que supera murallas. El excelente cantautor uruguayo Eduardo Darnauchans, que ya se fue hace unos años, grabó un disco de Canciones Sefaradíes que invitan a construir puentes. Los muros también se derriban cuando las culturas se entienden, se respetan e integran. La interculturalidad también derriba muros.

❋❋❋
Muros en el Sahara

En el Sahara un pueblo lucha por su libertad. Desde hace décadas su lucha viene derribando muros y murallas de todo tipo. En el campo de batalla, en los organismos internacionales, en la vida cotidiana, superando mil dificultades. La República Árabe Saharaui Democrática busca su libertad y quiere la paz. La opresión del Reino de Marruecos al pueblo saharaui es un muro contra la libertad, contra la paz…

Por cuarenta años, los saharauis han esperado un referéndum que le permita elegir su futuro libre y soberanamente. En estos cuarenta años, se pronunciaron a favor de ese derecho el Tribunal Internacional de Justicia de La Haya, la Misión Visitadora del Comité Especial de Descolonización de las Naciones Unidas, la Asamblea General de la ONU. Pero la denominada "comunidad internacional" ha sido incapaz, o no ha querido, imponer a Marruecos, invasor de las tierras saharauis, que facilite ese derecho.

Los países que fomentaron la invasión y destrucción de Libia y Siria, hablando de democracia prefieren la dictadura marroquí, aunque el pueblo saharaui siga sufriendo, resistiendo.

A pesar de los invasores y del olvido, la lehbalia (salvia) seguirá creciendo para aliviar el dolor de las heridas en otra enseñanza de vida... Y la música, también derriba muros en el Sahara. La dulce voz de Aziza Brahim le canta a la vida del pueblo saharaui. Ahora se me ocurre irme a volver para escuchar *Hijo de las nubes*, un homenaje a los que luchan por la libertad del Sahara. También podría ser *Buscando la paz* o *Espejismos*. La voz de Aziza Brahim derriba muros y murallas de dolor.

❊ ❊ ❊
Muros de lágrimas

Hay muros de dolor y hay también un muro de los lamentos: un muro de almas perdidas, un muro que es algo así como el resto de un siglo, un muro en el abismo, al cual le cantó el grupo Chala Rasta así: *"Muro de los lamentos, lágrima en el desierto, / no sobrevivirá, / y esta sequía de abrazos / que vació el medio vaso y no tiene piedad. / Creo en la fantasía, en la tibia agonía, / del horizonte en el mar".*

También hay quienes lloran sobre los muros, en los muros, a través de los muros como el poeta Oliverio Girondo, quien dijo alguna vez: *"Llorar a lágrima viva. Llorar a chorros. Llorar la diges-*

tión. Llorar el sueño. Llorar ante las puertas y los puertos. Llorar de amabilidad y de amarillo. Abrir las canillas, las compuertas del llanto. Empaparnos el alma, la camiseta. Inundar las veredas y los paseos, y salvarnos, a nado, de nuestro llanto. Asistir a los cursos de antropología, llorando. Festejar los cumpleaños familiares, llorando. Atravesar el África, llorando. Llorar como un cacuy, como un cocodrilo... si es verdad que los cacuyes y los cocodrilos no dejan nunca de llorar. Llorarlo todo, pero llorarlo bien. Llorarlo con la nariz, con las rodillas. Llorarlo por el ombligo, por la boca. Llorar de amor, de hastío, de alegría. Llorar de frac, de flato, de flacura. Llorar improvisando, de memoria. ¡Llorar todo el insomnio y todo el día!"

Las lágrimas pueden ser muros o puentes en el camino de la vida. Hay pueblos que derriban muros, hay canciones que derriban murallas, hay miradas que derriban paredes. El muro también puede estar en los ojos. La mirada puede ser una muralla o un puente. Hay un personaje que se burla de los muros, se burla de ellos, prefiere tender puentes en el universo, le dicen Principito. De tanto caminar, el Principito eliminó los muros del camino, porque para seguir caminando o luchando o conociendo, o viviendo, en el camino no pueden haber muros... A veces, las lágrimas y los secretos también pueden ayudar a derribar muros y saltar murallas...

❖ ❖ ❖
Muro en la frontera

En este momento triste del camino, en medio de tantos muros, podemos encontrarnos en la frontera de México y Estados Unidos. Tal vez, entre recuerdos e historias puedo encontrarme con Adelita, con Pancho Villa, con Pedro Páramo y escribir: *Si quieres cruzar el muro/ tienes que quitarte los zapatos,/ llevar algunas monedas en el bolsillo,/ y tomarte el tren de Pancho Villa./ Tienes que beber algún tequila/ y dormirte en un portal con las hormigas./ Tienes que cantar algún mariachi/ y pasar los espejismos de Tijuana./ Tienes que encontrar a Pedro Páramo/ y atravesar el llano de Jalisco en llamas./ Tienes que matar un gringo viejo/ antes de llegar a la frontera./ Tienes que olvidarte del camino/ cuando ya lo logres traspasar./ Si quieres cruzar el muro/ no olvides a la guadaña/ cuando quieras regresar,/ y ándale despacito,/ aquí ya no hay más santitos/ que ayuden a caminar.*

❋ ❋ ❋
Muro que cae

En mi camino infinito a Ítaca, ahora estoy frente al Muro de Berlín. Bueno, frente a los restos del muro. Las potencias que derrotaron a Alemania en la segunda guerra mundial, se repartieron Berlín de acuerdo a sus intereses. Finalmente la ciudad quedó dividida con un muro que separó a un pueblo hermano. Pero el Muro de Berlín, más allá de los poderes que lo levantaron y los poderes que luego lo derribaron, se cayó porque dos pueblos hermanos, o mejor dicho el mismo pueblo, no puede estar separado por muros. El muro se cayó porque tenía que caerse como cualquier muro que separe a los seres humanos. Las piedras son muy débiles frente a la voluntad de la gente. El grupo de rock alemán *Scorpions* le cantó al muro en *Vientos de cambio*. La canción dice en una parte: "*el mundo se achica, quien iba a creer, que fuéramos tu y yo hermanos*". Ese muro se cae... Pero los muros no se terminan, tampoco es posible parar los naufragios, pero seguimos caminos...

❋ ❋ ❋
Naufragio

Cuando uno mira las guerras absurdas, el consumismo, la persecución de años sobre algunos pueblos, la imposición del Capital sobre el ser humano, la muerte masiva de quienes escapan de la guerra, los refugiados en campamentos que parecen campos de concentración, los niños en el Mediterráneo, los muros construidos y los que se quieren construir, el cuento continuo de las religiones, la locura de quienes utilizan la excusa de un Dios para matar, la utilización permanente de un Dios, la farsa de políticos antiguos y nuevos, las revoluciones de papel y de escritorio, el acomodo de tantos falsos revolucionarios, los sueños rotos del Che en el camino, y tantas cosas más que ocurren en este pequeño mundo, nos damos cuenta que la humanidad ha naufragado hace mucho pero tal vez no nos habíamos dado cuenta. Pensando en esa realidad y mirando la vida de Aylan Kurdi en la arena, un día escribí estos versos: *Kiyiya Vuran Insanlik dicen en Turquía, / por el naufragio de la humanidad. / Pero los niños, no deciden naufragar, / zozobrar en una barca o terminar en una playa, / en la arena, boca abajo, / los niños no deciden morir en el mar.*

Sin duda naufragamos, en el Mediterráneo y en todos los mares. Pero tal vez sería bueno irnos a volver de una nueva versión de la canción *Mediterráneo* realizada por Joan Manuel Serrat y diversos artistas en solidaridad con los refugiados. Rescatemos la solidaridad y superemos el naufragio. Tal vez no sea tarde...

❋ ❋ ❋
Comuna

¿Habrá empezado el naufragio de la humanidad después del naufragio de la Comuna de Paris, o habrá empezado antes? Esperando respuestas, se me ocurren más preguntas: ¿Es verdad que a uno, *allá en la Comuna de París, se le ocurrió que había que sentarse a la izquierda para ser revolucionario? Y que otro, preguntó en voz bajita, cómo en confidencia: ¿qué queda de la Comuna compañero? Y que el anterior le respondió: lo que está a la izquierda camarada. Y que el otro volvió a preguntar: ¿qué queda de la izquierda entonces? Y que el mismo de antes le dijo: lo que está en el pueblo. Y que allí siguieron conversando hasta el presente: cuando ya no hay Comuna, izquierda o revolucionarios, pero Chanel es la mejor imagen de París...*

El naufragio de la humanidad es muchos naufragios a la vez. El naufragio es individual y colectivo. Ahora puede ser un buen momento para escuchar al grupo *La vela puerca* describir un naufragio individual que también es un naufragio colectivo en la canción *Para no verme más...* *¿Por qué diré que me escondo / Si nadie me quiere ver? / ¿Será que no me preciso y de paso me aviso / Para ya no correr? / Me fui pateando las piedras / Con ganas de molestar / Y no encontré ni un segundo para explicarle al mundo / Que lo quiero matar...*

❋ ❋ ❋
Cansancio

En este mundo de náufragos y sombras, entre victorias y derrotas, entre muchos muros y pocos puentes, entre sombras y luces, entre el sentimiento y la razón, a veces nos cansamos. Pero hay cansancios y cansancios. Hay quienes se cansan de la realidad y quienes se cansan de la ficción; quienes se cansan de la vida y quienes se cansan de la muerte; quienes se cansan de vivir y morir todos los días; quienes se cansan de los farsantes y las farsantes nuevas y viejas que caminan por la política, el periodismo, la burocracia, en fin, por la vida real de cada día. Hay quienes se cansan de creer; quienes se cansan de consumir y consumir pero nunca dejan de hacerlo; quienes nunca se cansan de consumir por consumir; quienes no se cansan de acumular dinero, cosas y huecos pensamientos; quienes transforman el cansancio en indignación; quienes superan el cansancio con utopías que nunca llegarán; quienes se mueren en medio del cansancio. El mundo está cansado. Buena parte de los habitantes del planeta están cansados pero sobreviven en su camino sin saber a dónde van. Entonces, podemos irnos a volver por los cansancios del camino. Pero, ¿cómo caminar en medio del cansancio? Con el cansancio. En todo caso, hay veces que uno se cansa de la vida y de la muerte, de los muertos y los vivos, pero finalmente uno sabe que la farsa debe continuar para cruzar el Aqueronte y llegar a la otra orilla del infierno.

❂❂❂
Kafka

Cansado ya del cansancio, en la última escena de la novela *El Proceso* el personaje principal Joseph K dice sentir vergüenza de la humanidad. El cansancio mental y físico lo agobia y la muerte le llega con un cuchillo enterrado en el corazón. Él, ya muerto, no siente vergüenza de la justicia, siente vergüenza de haber sido ser humano.

En la *Metamorfosis*, en cambio, el ser humano se cansa de serlo. Pensando en la genialidad de Paganini y en la música del violín, recuerdo también que a Gregorio Samsa, el personaje principal de *La Metamorfosis*, al escuchar el violín recupera por unos minutos la condición humana. Cansado ya de ser un insecto rechazo por todos, la música del violín interpretada por su hermana le hace recuperar por un instante el sentido fundamental de lo humano. Sin duda, el ser humano es un insecto antes de que se pruebe lo contrario, o mejor dicho, antes de escuchar el violín.

Viniendo de la *Metamorfosis*, del camino cansado del ser humano, del cansancio de Kafka, pienso por un momento en el violín como instrumento que permite recuperar el sentido de lo humano. Entonces, no sé porque surge en el recuerdo la película *El Violinista en el tejado*, y la música claro está. Ahora podemos escuchar *Si yo fuera rico*....

Del violinista en el tejado podemos irnos a ver *Zorba el Griego*, esa gran película con Anthony Quinn. *Zorba* es, podría ser, otro violinista, que a pesar del cansancio sigue caminando por los tejados, danzando por encima del viento, volando con la música. Podríamos escuchar parte de la banda sonora bajo la dirección de Mikis Theodorakis, ese grande de la música griega y universal.

Sin embargo, sigo con una interrogante en la mirada. ¿Cómo será el cansancio del poeta? Tal vez, solo tal vez, a través de la poesía del mexicano José Emilio Pacheco, podamos intentar una respuesta. Tal vez, solo tal vez, sería el momento de leer sus *Historias de vida* con la música de Zorba de fondo. Después podemos seguir camino por la senda de los monstruos, un derrotero extraño pero diverso en este camino a Ítaca, esquivando cíclopes y lestrigones.

❖❖❖
Drácula

Los monstruos, no se cansan antes de la eternidad. Los monstruos son muchos, son grandes y pequeños, son débiles y fuertes, son cuerdos y locos. Algunos tienen cara de hereje, otros de santo. Los monstruos están cerca y están lejos. Están en nuestra cabeza y están en el camino. Hay monstruos de todo tipo. Empecemos con Drácula, con el viejo Drácula de Bran Stocker. Primero podemos recordar un pedacito de la película y luego escuchar "Cazadores de Vampiros", que pertenece a la Banda Sonora de la película, interpretada por alguna gran Orquesta.

Los vampiros del Drácula de Bram Stocker, no eran políticos, no eran banqueros, ni empresarios con capital of shore. No eran dueños de trasnacionales, ni presidentes de alguna potencia que gasta su historia interviniendo en otros países. Ni dueños de Wall Street. No eran tampoco de la OTAN. No llevaron la muerte a Libia, a Siria o a cualquier parte. No eran tampoco de la OEA. Tampoco transformaron el Mediterráneo en un cementerio, ni eran periodistas de alquiler. Entonces, quiénes eran esos vampiros, esos monstruos amigos del amigo Drácula. ¿Quiénes son? Tal vez encontremos alguna respuesta si nos vamos a volver para escuchar *La Tormenta*, otra música de la Banda Sonora del Drácula de Bram Stocker.

El poeta peruano Antonio Cisneros era un admirador del Drácula de Bram Stocker, como una gran creación de la literatura. Había recorrido, en su periplo por diversos países de Europa el camino de Drácula. Un día, en 1991, comparando el camino del Drácula y el de Perú que se desangraba a si mismo escribió un poemario titulado *El Drácula de Bram Stocker y otros poemas*.

❖ ❖ ❖
Frankenstein

De Drácula podemos seguir por el camino de Frankenstein. Frankenstein es, al fin de cuentas un invento de la modernidad. No es un monstruo propiamente dicho. Frankenstein era el moderno Prometeo, aunque no le robó el fuego a los dioses ni a nadie. En un frío verano suizo, Lord Byron propuso a sus amigos un concurso literario del que salió una de las más conocidas novelas de la literatura europea: *Frankenstein*, de Mery Shelley.

Frankenstein es también una imagen de la soledad esa otra monstrua más moderna, que invade las ciudades todo el tiempo. Para algunos, Frankenstein no es más que un Monstruo Ridículo. Pobre Frankenstein. Hay tantos ridículos en el mundo. En todo caso, ahora podríamos irnos a volver para leer parte del relato de Fiódor Dostoievski: *El sueño de un hombre ridículo*.

Pero, cuando hablamos de monstruos ridículos, el lugar más fácil de encontrarlos es en la política. Lo lamentable es que esos son más peligrosos que todos los monstruos juntos. Ridículos peligrosos porque pueden perjudicar a los pueblos. Ridículos que a veces pueden ser socios y al día siguiente pelearse por intereses personales o mezquindades.

❋❋❋
El Viejo

Vamos y venimos de algunos monstruos. Algunos monstruos personales y colectivos. Hay quienes ven a los animales como monstruos o monstruas. Como el tigre de la película *La vida de Pi*. Ese tigre que sobrevive a un naufragio. Es un monstruo que supera la imaginación. Podemos seguir con la vida de Pi y el recuerdo de ese tigre que sortea el mundo de la ficción para instalarse en la realidad. Podemos escuchar parte de la banda sonora de la película, para entender la metáfora del naufragio. Podemos, tal vez, sobrevivir al naufragio. Entonces, encontrarnos con el cantautor ecuatoriano Héctor Napolitano, para quien tal vez haya monstruos más pequeños como los cangrejos. Tal vez haya por ahí, algún cangrejo criminal, como cuenta en aquella desopilante canción. En todo caso, bajo la piedra me mira un cangrejo, quizás con miedo de que retire su techo, porque a veces la vida tiene, o quiere tener, la muerte controlada...

Un borracho, un viejo, un pobre, pueden ser considerados monstruos. Cada quien inventa sus monstruos, pobres monstruos de ficción que deambulan por las calles. Para algunos, *El Viejo* de la banda de rock uruguaya La Vela Puerca podría ser un monstruo... Pero cómo no recordar esos versos: *Viejo divino, ¿a dónde vas? Yo sé muy bien que no podés mirar atrás. Final amargo sólo queda hoy: tu perro flaco y el fondo de un vino pa' entibiar.*

Me recuerdan unos versos que escribí hace algunas décadas y que dice: *un borracho camina lentamente, entre el filo del cordón y la vereda, se recuesta tras la cara de Gardel, pide otra que le trae recordaciones, la termina en un instante, sorbo a sorbo, se despide del cordón y la vereda, y se marcha dando tumbos a la vida...*

❖ ❖ ❖
Casablanca

En mi camino a Ítaca he podido sortear cíclopes y lestrigones. Pero en el sendero de los monstruos siempre está la soledad a veces amiga y a veces enemiga. Alguna vez Idea Vilariño dijo que "uno siempre está solo, pero a veces está más solo".

Para los escritores, los artistas, los músicos, la soledad ha sido y es fuente de inspiración. Pero la soledad puede tener muchos significados. El fallecido cantante y compositor uruguayo Alfredo Zitarrosa, llevaba en su guitarra un mundo de sueños, frustraciones, alegrías, tristezas, y acostumbraba a decir que su vida era *"como la historia de la soledad"*.

En un mundo roto como el de la segunda guerra mundial, había muchos que contrarrestaban la soledad con una película, un mundo interpretado por Ingrid Bergman y Humphrey Bogart en *Casablanca*. Para muchos que miraban la película, los latidos del corazón, eran simplemente la constatación de que todavía estaban vivos. En cambio para ellos eran los cañonazos de los alemanes entrando en París. En todo caso, *Casablanca* era como una imagen de la soledad de la época.

❀ ❀ ❀
La Marsellesa

Mientras el mundo se caía, era preferible entrar al cine a ver un filme en el que la guerra era solo una imagen de la soledad a padecer el día a día en las calles. En un programa de radio que tenía Serrat, al hablar de *Casablanca* decía: *"Tal vez nos gustaba Casablanca. Porque era una película de guerra, casi sin tiros. Y porque la única batalla que se mostraba, era la de la razón y la pasión de una rubia de hielo y un moreno con la boca torcida. En esa película ni los malos eran tan malos, ni los buenos tan heroicos. Gente normal, que intentaba sobrevivir en las bisagras del tiempo. Era solo un bar. Pero nunca como en esa película, los bares se acercaron a ser una metáfora del mundo. Probablemente fue ahí, en la oscuridad azulada de los cines, cuando entendimos que para matar las ganas de reír, no hay nada más parecido a una ametralladora, como el blues de un piano cansado. Y que no hay nada que una tanto a los pueblos, como los himnos de la libertad cuando se cantan contra la opresión".* Como *La Marsellesa* en *Casablanca*.

❋ ❋ ❋
Espectadores de la soledad

Era en un bar de París, había una guerra y de alguna manera aquellos que aparecían entre las mesas solo buscaban esconder su soledad.

"Ellos eran espectadores como nosotros -decía Joan Manuel. La guerra era un accidente ajeno, pero tuvieron que tomar partido y lo tomaron. Fueron más afortunados que nosotros, que al salir del cine no teníamos himno al que agarrarnos, ni rubia que nos esperará entre la niebla. Por suerte Casablanca también nos enseñó más cosas. Descubrimos en la figura del gendarme francés que los uniformes son solo la ropa que esconde a la persona uniformada. Y tuvimos conciencia, en aquel aeropuerto nocturno de Casablanca, de que puestos a escoger, era más fácil sobrevivir en compañía que vivir en soledad. Y al salir del cine, probablemente miramos a nuestro compañero de escuela y también le dijimos imitando a Bogart: 'Lui, presiento que este es el comienzo de una hermosa amistad'."

❋ ❋ ❋
La soledad de Macbeth

¿Cuál será la famosa soledad del poder? La soledad de Macbeth en la obra de William Shakespeare, la soledad de la ambición política. Los delirios del poder. La ambición como forma de vida. La política como parte de la ambición. El poder por el poder. Cuántas veces nos hemos preguntado: ¿qué es la soledad? De la soledad de la ambición política. De la soledad de Macbeth, caminamos hacia la soledad detrás de los ojos, cuando las paredes agobian la mirada, la estrechan y, por un instante, todo parece vacío en el camino. El viaje está hecho de momentos. Ahora podemos escuchar la música de la Opera *Macbeth* de Giuseppe Verdi y luego seguir viaje hacia el Sur...

❋❋❋
Candombe de soledades

Los tambores del Sur de la América del Sur, a veces también hablan de soledades. Los tambores del Candombe. Otras nubes, otros cantares. O mejor dicho este candombe retumba entre las nubes desde las estrellas, viene volando lleno de esperanzas. Pero ahora *La Cumparsita* está de fondo. *La Cumparsita* es un tango que puede ser candombe. *La Cumparsita* surge de la lluvia de los bandoneones y de los tambores. Llueve, llueve, una garúa lenta y las nubes caen sobre el asfalto.

La encontré una tarde mientras caminaba por Carlos Gardel, el otoño empapaba los rincones con su garúa lenta y triste. El mar se subía hasta las escaleras para barrer la rambla. Tarde añeja-añil-añicos, como la ciudad. Los fantasmas iban y venían por mi mente como queriendo decirme que el carnaval era solo una nostalgia. La encontré allí, entre el alcohol y la neblina, como una imagen del Medio Mundo hecho baldío. Ochenta años en la cara, el viento en la mirada, pianos chicos y repiques en el corazón y la noche de aquel conventillo en la piel. Supo vivir *Las Llamadas* hasta la última gota de sudor, hasta la sangre en los pies... fue la piel de Las Llamadas. Y después, madrugada adentro, azuzó los sentidos, y encontró en el cuarto perdido de aquel convento, todo el candombe de dos cuerpos moldeados en la cama, toda la cadencia de un vaivén que la sedujo hechizándola.

Hoy la Mama Vieja es un árbol... Es la vida -¿y la muerte?- de -y sobre- la tierra. Las ramas son piernas, son brazos son cabeza, son manos, son la columna vertebral de la realidad, son la realidad. El árbol también es ceniza, está quemado, pero a pesar de su muerte transmite vida. A su lado una vela encendida da el fuego. El fuego se hace cadena y quema el alma… Los ojos se hacen llama, se hacen fuego, la vela es un ojo de fuego que se apaga con ella. Su cuerpo muestra todos los huesos, los flacos huesos de la columna que, también se consumen. Ahora su esperanza es solo una mirada de la soledad. Luego se cubre de la lluvia con el poco vino que le queda…

❁❁❁
La soledad de Joaquín

Viniendo desde el Sur en mi viaje a Ítaca, en un camino de soledades me encuentro con mi hermano y unos versos que escribí allá por 1987: *No lo mató el tiempo, ni siquiera la mirada adormecida de las tinieblas, fue el opaco sentido de la humedad, no fue la vejez, ni siquiera el adormecer del sueño, fue la huella indeleble que llevaba en el al alma y le carcomía el pensamiento, no lo mató la muerte, sino la indiferencia que le tuvo la vida*

Pero la luna caminó despacito, se recostó contra el malecón y desenfundó su aire de soledades, recordando tres nostalgias y un poema de Roque Dalton, leído por Julio Cortázar, tomando una copa de ron…

❁❁❁
La soledad de un piano

La soledad también puede ser un piano… El mundo a veces puede ser un piano. El piano puede ser un mundo. El piano puede ser también un camino a la liberación. Las teclas del piano pueden ser un camino para contrarrestar la opresión y el dolor. Pero el piano puede ser una tristeza. Chopin puede ser una tristeza. ¿Y quién puede contrarrestar toda la tristeza junta del gueto de Varsovia? El mundo se cae, pero cómo olvidar el piano. Cómo olvidar el *Nocturno* de Chopin. Entonces vamos de la música al cine, del cine a la poesía y nuevamente al piano.

El pianista del Gueto de Varsovia, Wladyslaw Szpilman, está ahí con su música entre tinieblas. El mundo es un piano en este momento. El piano es un mundo. El piano puede ser también un camino a la liberación. Las teclas del piano pueden ser un camino para contrarrestar la opresión y el dolor. Si nos pinchan no sangramos. Si nos hacen cosquillas no nos reímos. Si nos envenenan no nos morimos. Si nos ultrajan no nos vengaremos. Es la voz de Wladyslaw Szpilman. Ahora se escucha su piano.

Del pianista del Gueto de Varsovia nos vamos a escuchar otros pianos, otro pianista, otra historia. Entonces hacemos otra parada en este camino y escuchamos *El Hombre del piano*, por Billy Joel.

El hombre del piano es como un viejo perdedor, cuya música sabe a derrota. Otra historia y otra derrota en el camino a Ítaca. Pero seguimos el viaje por los caminos del piano, por los caminos de la vida que se esconde detrás de algunos pianos. Ahora podemos escuchar otro pianista genial, Daniel Barenboim interpreta la *Sonata para Piano Nro. 1* de Beethoven.

De Beethoven, nos vamos a volver de una parte del *Concierto para piano Nro. 21* de Wolfang Amadeus Mozart. Del camino de Mozart seguimos el camino hacia la música de Tchaikovsky y disfrutamos la interpretación del *Concierto Nro. 1 para piano*.

Así, entre tinieblas nos encontramos con el flaco Alfredo Zitarrosa cantándole a Beethoven. Vamos y venimos por algunos caminos del piano, por la vida que se esconde detrás algunos pianos. Otro momento de grandeza musical en medio del viaje...

❋ ❋ ❋
Un rumor en el viento

Hay canciones escritas en soledad que a veces espantan la soledad y se transforman en símbolo de caminos colectivos. El querido amigo y cantautor uruguayo Daniel Viglietti, tuvo la virtud de crear muchas canciones símbolo de Uruguay y América Latina. Fue y es uno de los grandes cantautores de la Patria Grande, comprometido con su tiempo y coherente como pocos.

La primera vez que vi a Daniel fue en un recital durante la campaña del Frente Amplio en 1971 en un comité de base cerca de mi casa. Yo era un gurí de ocho años. Mi hermano mayor estaba preso. La gente en coro cantaba *"la sangre de Tupac, la sangre de Amaru, la sangre que grita libérate hermano".* Después, fueron muchas las veces que nos vimos, ya sea en algún recital o en alguno de los caminos de la vida.

En los últimos años siempre intercambiamos opiniones sobre un mundo que naufragó y una América Latina que nos preocupaba, sobre los gobiernos progresistas, sobre Ecuador y Uruguay y, en particular, sobre la necesaria solidaridad que debíamos mantener con Venezuela.

Ahora me detengo en última vez que nos vimos. Es el año 2013 en la rambla de Montevideo. Durante una reunión con algunos amigos escritores y músicos conversamos mucho de todo. Galeano finalmente no puede llegar porque anda mal. A través de un teléfono manda un saludo a todos, quienes también estamos pendientes de su salud. Al final de la reunión nos quedamos unos diez, creo. Entre ellos el escritor cubano Abel Prieto, el querido amigo escritor Mario Delgado Aparaín y otros escritores.

Antes de irnos, Daniel dice: *pucha no hay guitarra, pero hagamos algo...* De repente empieza a tamborilear *A desalambrar*, y a cantar como en una especie de rumor, como un viento que refresca y trae recuerdos muchos. Todos seguimos esa especie de rumor despacito, como dejándolo llevar por el viento y por las olas de ese río ancho como mar. El rumor sigue en el viento y en la olas, contra el naufragio. El viento es ahora un rumor en la memoria. También hay que desalambrar el viento... y la memoria.

❊❊❊
Otra voz canta

Hay que escuchar a Daniel Viglietti y Mario Benedetti a dos voces para saber porqué cantamos. Seguir el camino de las hormiguitas para saber de solidaridad, y decirle a todos *por ellos canto*. Son tantas y tantas las canciones, pero hay una en la cual muchos nos hemos mirado. Cuando la escuchamos, es como si estuviéramos mirando el caminos de tantos y el camino de uno mismo. Tanta distancia y caminos, tan diferentes banderas... *Milonga de andar lejos*.

El querido amigo Aram Ahronian, gran amigo del flaco Viglietti, dice que Daniel montevideaneaba habitualmente, con su guitarra-compañera y era fácil cruzarse con él por la calle, o encontrárselo en cualquier café del centro de Montevideo. Lejos de cualquier prototipo de artista exitoso, era popular, querido, solidario. Dice además Aram que Daniel tenía exceso de solidaridad. Su música vivía para las causas solidarias. Por detrás de la voz, otra voz canta. No es solo memoria, es vida abierta. Su voz sigue en el viento y todavía hay mucho para desalambrar. Tal vez nunca se termine de desalambrar un mundo que naufragó. Pero, a pesar de todo, otra voz canta en este viaje a Ítaca...

❊ ❊ ❊
Revolución Rusa

Muchas voces cantan en la historia de los pueblos. Historias difíciles, contradictorias, complejas, como la vida misma. A propósito de los ya más de 100 años de la revolución rusa, podemos caminar por algunos lugares de ese hecho histórico que cambió al mundo. Podemos a irnos a volver por algunos momentos musicales y recorrer algunas vidas como la del líder revolucionario Vladimir Ilich Ulianov, más conocido como Lenin.

La Varsoviana, fue, tal vez una de las canciones más cantadas en la Revolución Rusa. Dice más o menos así: *Los torbellinos enemigos sobrevuelan nuestras cabezas. Un futuro incierto nos espera, pero con orgullo y valor lo enfrentaremos y levantaremos la bandera de la lucha obrera. La bandera de la gran batalla de los pueblos por un mundo mejor y la libertad definitiva. Marchen Avancen trabajadores. ¿Por qué el trabajador debe morir de hambre? ¿Por qué seguiremos callados hermanos? La hora de la victoria está llegando...*

Como toda revolución y como todo hecho histórico, tiene muchas lecturas, muchos caminos se encuentran y desencuentran. En medio de este viaje a Ítaca, hago un alto en la Revolución Rusa...

❊ ❊ ❊
Por montañas y praderas

Hay una canción que tal vez se conozca más interpretada por el grupo chileno Quilapayún. Fue una versión muy popular en América Latina a finales de la década del 60, en la década del 70 y parte del 80. Esta canción se titula *Por Montañas y Praderas*, y viene de la Revolución Rusa, más específicamente de los Partisanos Rojos en la lejana Siberia.

Centenares de miles de trabajadores se levantaron en armas para defender la revolución en una larga guerra de guerrillas contra tropas extranjeras que apoyaban la contrarrevolución. La canción recuerda la liberación de la región del río Amur por parte 20 mil guerrilleros rojos en febrero de 1920, y era cantada por los soldados del Ejército Rojo. Por Montañas y praderas avanza la división...

※ ※ ※
Lenin

Hay un hecho que, a veces, pasa desapercibido en los análisis sobre la Revolución Rusa. Un pequeño gran hecho en la larga historia de las derrotas populares.

El 31 de diciembre de 1922, Lenin escribía uno de sus últimos informes, antes de morir el 21 de enero de 1924. En ese documento criticaba las bases del acuerdo que constituía a la Unión de Repúblicas Socialistas Soviéticas, la URSS, elaborado y aprobado un día antes por los dirigentes de Rusia, Ucrania, Transcaucasia y Bielorrusia, y ampliamente defendido por Joseph Stalin.

Lenin decía: *"una cosa es la necesidad de agruparse contra los imperialistas de Occidente, que defienden el mundo capitalista y otra cosa es cuando nosotros mismos caemos, aunque sea en pequeñeces, en actitudes imperialistas hacia naciones oprimidas quebrantando por ello nuestra sinceridad de principios".*

Lenin se oponía al artículo 24 del acuerdo, que decía *"Las repúblicas de la Unión modifican sus constituciones en consonancia con el presente acuerdo"*, lo que transferiría todos los poderes constituyentes de las repúblicas a la Unión, de las soberanías nacionales y populares a la dirección multinacional centralizada.

Para el revolucionario ruso, el acuerdo que establecía la URSS era un *"oportunismo"* del Partido Comunista y de las repúblicas más poderosas, pues se realizaba en el momento que varios movimientos revolucionarios estaban por triunfar en repúblicas asiáticas y, era una forma de obligarlos a entrar en la Unión dejando de lado su soberanía, sin haber participado de la discusión que se dio en el PC ruso.

El acuerdo fue un triunfo de Stalin que ganó la mayoría del XII Congreso del Partido Comunista realizado en abril de 1923, en el cual fueron rechazadas las propuestas de Lenin sobre las nacionalidades y la organización interna de la Unión.

Así, con todo el poder de su parte, Stalin instituyó en la nueva URSS una concepción del mundo que se desvió del socialismo a que aspiraba Lenin, quien entendía las particularidades y culturas de cada república y estaba convencido de que consolidar sus autonomías les haría mas fuertes a futuro y consolidaría la propia unión. Pero más que consolidar la unión, el revolucionario creía que se consolidaría el proceso de construcción socialista en cada país y eso beneficiaría a la unión.

Lenin, como Marx antes, tenía un pensamiento estratégico, miraba mucho más allá de la coyuntura. Percibió el significado que tendría la soberanía popular nacional de las repúblicas en el futuro de la unión y, sobre todo del socialismo. Comprendía además la fuerza de las culturas y los imaginarios propios. Sabia también, que la imposición solo podía servir a corto plazo, pero generaría profundas diferencias hacia el futuro.

Ahora se me ocurre que podemos escuchar o imaginar *El vuelo del moscardón*, del gran compositor ruso Nikolai Rimsky-Korsakov.

❋ ❋ ❋
La Maknochina

Este pequeño gran hecho de la historia, sirve para entender la grandeza estratégica de Lenin, más allá de Rusia y de la URSS. Son contados aquellos que tienen esa capacidad de superar el momento y mirar a lo lejos…

La centralización del poder y el desconocimiento de las nacionalidades será un punto fundamental en la ruptura de la ex Unión Soviética a futuro. Pero más allá de eso, ya en los primeros años, ese tema también aportará al quiebre de los bolcheviques con organizaciones revolucionarias amigas como los partisanos anarco-comunistas de Ucrania, quienes tenían una mirada distinta sobre la construcción social, política y económica en su país, pero que no se oponían a la construcción que proponían los bolcheviques en Rusia. Hay una canción que es himno de los partisanos ucranianos y que luego también fue cantada por anarquistas en la guerra civil española, se titula *La Maknochina*. Antes de seguir camino, tal vez, podemos irnos a volver para escuchar una versión en francés del Grupo Nigra Safo

En Ucrania los partisanos anarquistas y anarco-comunistas crearon comunas libres, sin estado, autogestionadas aplicando las ideas de los pensadores anarquistas Mijail Bakunin y Piotr Kropotkin. Comenzada la revolución rusa se levantaron como una fuerza armada revolucionaria conocida como el ejercito negro y liderada por Néstor Maknho. Fuerza que en determinados momentos luchó en alianza con los bolcheviques y con el Ejército Rojo. Después se dio la ruptura. *La Maknochina* es un homenaje a esos partisanos y al propio Maknho.

❊ ❊ ❊
La Filadelfia Real

Más allá y más acá de encuentros y desencuentro, la Revolución Rusa marcó el futuro del mundo. Para bien y para mal, la Revolución Rusa tuvo una influencia trascendente en todos los movimientos revolucionarios. La organización posterior de la Unión Soviética, el gobierno de Stalin, la segunda guerra mundial, la guerra fría, fueron hechos posteriores que también marcaron al mundo y a los procesos revolucionarios.

Durante la Segunda Guerra Mundial, muchas fueron las canciones rusas que alentaban a la población y al ejército rojo. Ahora podemos escuchar algunas de esas canciones en la voz de la popular cantautora rusa Elena Vaenga.

La Revolución Rusa representó una esperanza para el mundo. Como tantas revoluciones y procesos en la lucha de los pueblos, despertó la admiración en todas las geografías. Las revoluciones y los procesos de transformación del mundo, camino a un mundo mejor quedan grabados en la historia de la luchas de la humanidad, más allá y más acá de que finalmente hayan sido triunfantes o derrotadas, más allá y más acá de lo que depare el futuro a esas revoluciones o procesos revolucionarios.

A veces creemos que asaltar el palacio de invierno es la victoria definitiva y el futuro depara nuevos caminos. En esos nuevos caminos nos preguntamos muchas veces cuántos kilómetros faltaran para llegar al pueblo aquel, como se pregunta el cantautor Numa Moraes en esa linda canción titulada *La Filadelfia Real*, sobre poema del gran poeta uruguayo Washington Benavidez: *Cuántos kilómetros faltarán para llegar al pueblo aquel, donde no falte el tibio pan, donde te ofrezcan pura miel. A donde no te golpearán por religión o por la piel, por socialista o musulmán te llames Günner o Raquel...*

❖ ❖ ❖
El libro de la infamia

Antes de llegar a ese pueblo ideal que menciona Washington Benavides, tal vez tengamos que escribir infinitas páginas en el libro de la infamia. Ahora podemos hojear algunas páginas del libro de la infamia, un libro con millones de historias en la historia de la humanidad.

En el libro de la infamia hay páginas de todas las lunas. Páginas de todos los colores, de todos los grises, blancas y negras. Páginas en tablillas de cerámica, en cartón, en papel, digitales. Páginas en idiomas de pueblos que ya no existen, de pueblos cercanos y remotos, de pueblos elegidos, de pueblos olvidados, de todos los pueblos. Páginas de las religiones, de los imperios, de los grandes medios de comunicación, de los ejércitos poderosos y débiles, de las trasnacionales, de los fondos monetarios, de los bancos nacionales y mundiales. Millones de muertos.

Pero sigamos hojeando. Ahora escuchemos al grupo Brazzaville interpretar la canción *FMI*, que habla de las niñas que viven en la miseria en la India, de los barcos factoría que explotan trabajadores, de los hombres casi esqueléticos caminado desnudos por Sudan y del FMI como uno de los sepultureros del mundo.

En las páginas de la infamia hay historias de todas los tiempos, de todas las tierras, de todos los cielos, de todos los mares. Desde Sumeria hasta acá, hay guerras en cada rincón, más pequeñas o más grandes. Desde el antiguo Egipto hasta acá, el hambre sigue siendo un arma de la muerte. Millones de muertes.

Ahora podemos escuchar a Residente interpretar *Guerra*, una canción que habla sobre un tema repetido infinitas veces en infinitas páginas del libros de la infamia.

En las páginas de la infamia hay frases de señores-dioses de la guerra, hay historias de algún dios que pide quemar a todo un pueblo, hay conquistas y matanzas en nombre de Dios, hay bombas en Hiroshima y en cualquier lugar, hay barcos olvidados en el Mediterráneo, hay muros, muchos muros. Millones de muertos.

En el libro de la infamia, todos los días se agregan páginas. Cientos de niños migrantes en jaulas que parecen ofrendas del sacerdote de la Casa Blanca para un dios de Wall Street, es una nueva página, una triste página, hiriente, de este libro sin fin...

De las nuevas páginas de la infamia escritas por señores presidentes que promueven guerras, podemos irnos a escuchar *Las Nanas de la Cebolla* que habla de otras páginas del libro de la infamia. Las páginas infames de la guerra civil española y la dictadura fascista de Franco. Páginas que al parecer España le cuesta releer para no volver a escribirlas. Escuchemos entonces a Joan Manuel Serrat su canción sobre la poesía de ese grande que fue Miguel Hernández.

En la globalización se siguen escribiendo paginas de infamia, cada minuto hay miles de páginas nuevas. Ahora nomás, el coronavirus llevó la muerte a los pobres que no tenían hospitales donde ser tratados. La infamia es infinita, pero el mundo ya no soporta sobrevivir escribiendo su propia infamia.

✦✦✦
Casas de papel

Del libro de la infamia podemos irnos a volver por algunos papeles del camino y por algunos caminos de papel. Primero podríamos ingresar a *La Casa de Papel*, una interesante serie española, que cuenta el robo a la casa de la moneda, la casa donde se hacen los billetes, la casa del dinero, dinero de papel.

El dinero hecho papel o el papel hecho dinero, es la imagen de los bancos, del sistema financiero, que a su vez son la mejor imagen del capitalismo. Bueno en realidad son la peor imagen del capitalismo. En medio del papel podríamos escuchar a Cecilia Kril interpretar *My Life Is Going On*. Después seguir con Piedad Fernández, *Fado Boémio e Vadio*. Músicas que se escuchan en la serie.

Casas de Papel, también pueden ser las casas de tantos gobiernos. El pensamiento de muchos presidentes también puede ser de papel. Como la dignidad de ciertos políticos.

El asalto a la Casa de Papel, a la Casa del dinero, es también una reivindicación de la lucha de los anarquistas. Es además la reivindicación de una utopía: la utopía de terminar con el dinero, terminar con el consumismo, con el capitalismo, o por lo menos golpear su imagen. En esa reivindicación utópica, la canción *Bella Ciao* de los partisanos italianos es casi un himno. Desde la versión original podríamos ir escuchando decenas de excelentes versiones.

Los cuadernos también pueden ser Casas de Papel. Los poetas, los escritores, seguimos reivindicando los cuadernos como la casa de papel para trabajar mejor la palabra. Dignas casa de papel en el viaje a Ítaca. Las letras se escurren por renglones de los cuadernos como queriendo murmurar todo lo guardado en muchos años. Como gotas que pasan por los dedos, frágiles, palabras escritas en distintos rincones. Como pájaros que se sueltan de alguna jaula, repiquetean los tamboriles y marchan sur abajo rumbo a la playa, alpargateando los adoquines de la vida, con muchas grapas en la memoria. Ahora escribo pájaros dice Julio Cortázar después de algunos vinos. *Ahora escribo pájaros. No los veo venir, no los elijo... de golpe están ahí...*

Me queda la palabra dice Paco Ibañez al interpretar una canción basada en un poema del poeta vasco Blas de Otero, quien reivindicó desde la poesía el poder de la palabra. La palabra como herramienta fundamental del mensaje en un periodo histórico de represión y opresión. La palabra no solo es el elemento necesario para llegar a la comunicación con las mayorías, sino es la herramienta que puede ayudar a transformar la realidad.

En la poesía de Blas de Otero, se asume la palabra como imagen fundamental de lo humano. La liberación llega a través de la poesía y la poesía revoluciona cuando la palabra se libera. El compromiso de cambio social, de lucha contra la opresión es también, ante todo un compromiso del poeta con la democratización de la palabra, con la palabra colectiva, con la palabra de todos y todas. Por eso, como dice el poeta: *incluso perdiendo la vida, el tiempo, todo, queda la palabra*. La palabra en el papel y en la calles. La palabra en los muros. La palabra derribando muros.

Podríamos leer o escuchar *Digo Vivir* de Blas de Otero y seguir por la palabra, por la poesía, por casas de libros, por las casas dignas de papel que llevan a la vida...

❋❋❋
Ajedrez

De las casas de papel decido seguir camino por los tableros de ajedrez. El ajedrez puede ser una metáfora de la vida. Si miramos la forma de caminar por el tablero de cada pieza, más allá del esquema militar, podemos encontrar la forma de caminar del ser humano por el tablero del mundo. El tablero del mundo a veces es cuadriculado como el del ajedrez. Hoy vamos a recorrer los caminos del ajedrez. Pero empecemos escuchando a Víctor Manuel interpretar la *Canción de la esperanza* en la cual nos habla de una desigual partida de ajedrez. Ellos tiene votos y el poder, dice Víctor Manuel a propósito de la salida democrática de España. Una España que cree ser una monarquía. Pero ahora sigamos recorriendo el tablero de ajedrez y vamos a escuchar a Tocada Movida *La esquina de las torres*.

Como toda obra humana, el ajedrez tiene muchas historia alrededor. Algunas se mezclan con la leyenda, historia que vale la pena escuchar.

❋❋❋
Estratega

Sigamos el viaje a Ítaca creando nuestro destino dentro de la vida que puede ser otro tablero de ajedrez. El líder vietnamita Ho Chi Minh, cuando estuvo preso en China escribió una serie de poemas sobre su cotidianidad y estrategia. Uno de ellos, sobre el *Juego de Ajedrez*: *Para matar el tiempo jugamos ajedrez / Infantes y caballos sin cesar combatiendo. / En ataque y repliegue como el rayo ha de ser. / Rápido el pensamiento y rápidos los pies, / te dan la iniciativa y al triunfo te llevan. / Con la mirada engloba, pero estudia el detalle. / Muestra tu decisión, hostigando sin tregua. / Si estás acorralado, en conservar tus carros no te empeñes. / A veces la victoria es consecuencia de un peón bien colocado. / Al comenzar el juego, las fuerzas son iguales: / a un lado como al otro puede ir la victoria. / Prepara bien tus golpes, pero oculta tus metas. / Así conquistarás título de estratega.*

❋❋❋
Al viento

En la literatura muchos escritores y escritoras mencionan al ajedrez. En la novela *Rayuela*, por ejemplo, Julio Cortázar introduce al ajedrez desde el inicio cuando describe a la Maga. Jorge Luis Borges también escribió al ajedrez. En el ajedrez del mundo también hay lugar para ir rumbo al viento en busca de la paz: *Al viento, la cara al viento, el corazón al viento, las manos al viento, al viento del mundo en busca de la paz,* dice el catalán Raimon cantando *Al viento*.

El ajedrez es amigo del silencio. Pero algunos pueblos tuvieron que vivir silencios impuestos, como aquel silencio del cual viene el cantante catalán Raimon, quien nos dice yo vengo de un silencio que no es resignación, vengo de una lucha constante, vengo de las plazas llenas.

En el ajedrez la reina puede ser liberada después de presa, o puede renacer después de muerta. El peón tiene la fuerza para liberarla o renacerla. El pobre peón tiene el poder de liberar a la rica reina. En el ajedrez del mundo hay pueblos que nacen y renacen una y otra vez. El catalán Xavi Sarria tiene una canción que habla de un pueblo que renace permanentemente y dice en parte más o menos así: *Renacemos de las luces del amanecer el sol que nos guía cada día. Del instinto de las fieras feroces, del vuelo de los pájaros, de las olas bravas. Renacemos de creer en nosotros, de las raíces que sostienen los árboles, de una resistencia que nunca vencerán. Renacemos de la sabiduría, de las manos que trabajan, de la siembra. Renacemos de tu cálida sonrisa, de la audacia de sentirnos libres hijos del agua, de la tierra y el fuego. Renacemos de las hazañas del pueblo celebradas con llantos y abrazos. Renacemos contigo y contigo venceremos.*

❖❖❖
Al alba

Regresamos del ajedrez del mundo. Vamos y venimos del tablero en el camino. El ajedrez del mundo está hecho de abismos. El tablero puede ser un abismo. La vida está hecha de abismos. Entre los abismos, a veces surge una colina. Tras la colina puede aparecer una ciudad. A la izquierda de la ciudad tal vez haya un volcán. El volcán puede lanzar humo sobre el amanecer. El amanecer tal vez sea una cueva de escorpiones. Los escorpiones pueden ser hermanos de quienes habitan la ciudad. La mirada de los habitantes de la ciudad es solo un eco de la tristeza. La tristeza, como la nieve como el humo del volcán, es ahora ceniza entre las nubes. La ceniza ya es parte de las lágrimas de los escorpiones. Pero eso no importa, porque la vida está hecha de abismos... Pero los pueblos a veces y siempre logran superar abismos. Un pueblo puede morir y renacer en el tablero, renacer al alba después de ser fusilado mil veces.

    La letra de la canción *Al alba*, escrita por Luis Eduardo Aute en memoria de los últimos fusilados por la dictadura franquista en 1975, estremece. La primera en cantar esa canción fue Rosa León. Pero sigamos caminando por el tablero de ajedrez, recogiendo historias construidas sobre el ajedrez como aquella del viejo sabio y el guerrero. Pero difícil que se comprenda en estos tiempos de naufragio de la humanidad. En todo caso más allá del naufragio es necesario seguir diciendo no a las injusticias, en el tablero y en el viaje...

❦❦❦
En blanco y negro

De los cuadros del tablero de ajedrez podemos caminar por algunos cuadros de la fotografía en blanco y negro. Por algunos negativos. Los gatos también pueden ser en blanco y negro *Gato blanco gato negro*. En el negativo de una fotografía imaginaria podemos caminar por una gama de grises quemados por la luz. La luz, también puede ser una foto en la música.

    La emoción de escuchar el *click* del obturador de la cámara ha trascendido los avances tecnológicos en la fotografía y nos sigue transmitiendo sensaciones retratadas en tantas canciones. Pero primero me voy a volver para escuchar *Kodachrome* una vieja canción de Paul Simon

La fotografía no siempre es la realidad. A veces es solo una representación de la realidad. La fotografía en la prensa muchas veces falsea la realidad. Los medios de comunicación son también muchas veces imágenes de la falsedad y de la apariencia. Buena parte de políticos hoy son voceros de la falsedad y las apariencias, viven para la representación, viven representando falsedades y apariencias.

❊ ❊ ❊
Apariencias

Pensando en las falsedades y apariencias de la política y de la sociedad, recuerdo la vigencia del gran poeta español Luis de Góngora.

El poema *Ándeme yo caliente y ríase la gente* hecho canción por Paco Ibañez, es una letrilla popular, burlesca, irónica, mediante la cual el poeta hace una parodia de la realidad. El poema critica las apariencias y falsedades de la época, critica el comportamiento social de ese momento histórico.

Los comportamientos sociales están vinculados a la realidad, y en esa época se consolidaba la decadencia del imperio español. La poesía de Góngora es una muestra de su sentimiento de decepción con esa sociedad y con esa realidad. Pero esa decepción podríamos trasladarla al presente. Las apariencias y falsedades siguen siendo parte del comportamiento social, no solo en España sino en el mundo y en particular en la América Latina y el Ecuador. Tal vez porque en la esencia del propio capitalismo, está la falsedad y las apariencias.

En el campo de las falsedades y apariencias se mueve buena parte de la pequeña burguesía y la burguesía, a las cuales imitan algunos sectores de las clases bajas. En ese juego de apariencias y falsedades también se mueven parte de los políticos. Con su poesía, Góngora traspasó los tiempos, Fue una fotografía de su momento.

❋ ❋ ❋
Imágenes de la tristeza

Fotografía, una canción de Ringo Starr y George Harrinson es una de esas canciones que recuerda el significado personal de algunas fotografías. Es una linda canción presentada en 1973 como parte de un disco en el cual Ringo logró reunir a sus tres compañeros de los Beatles por primera vez desde su disolución. Paul, John y George le escribieron canciones y grabaron, por separado, para el que es considerado mejor disco del ex batería de Los Beatles. La letra describe el sentimiento de melancolía que puede provocar una foto. Dice algo así como: *Siempre que veo tu rostro me trae recuerdos de todos los sitios donde estuvimos, pero cuanto de ti me queda es una fotografía, y ahora sé que ya nunca volverás.* Ringo comentó luego que tras la muerte de George Harrinson estos versos cobraron para él un nuevo significado.

La fotografía también puede ser una imagen de la tristeza, como la canción *Pictures of you*, o *Fotos de Usted* o simplemente *Tus fotos*, del grupo británico The Cure. Es una muestra de tristeza casi irremediable escrita por Robert Smith, vocalista, guitarrista y compositor de la banda. La música y la fotografía como poder evocador. La canción surgió luego que Smith sufrió un incendio en su casa y encontró entre las cenizas su cartera con fotos de su compañera. Al igual que muchas otras canciones del grupo, esta es una canción de emociones sobre el amor y las pérdidas. Las fotografías en este caso representan lo perdido. Smith contó que después, destruyó sus viejas fotos personales y muchos de sus vídeos caseros en un esfuerzo por limpiar su pasado, aunque pocos días después lamentó haberlo hecho.

❋ ❋ ❋
Poesía imaginaria

Cada imagen fotográfica cuenta una historia. Pero las historias de las fotografías en blanco y negro no cuentan historias en blanco y negro, si no historias de grises. La fotografía como la vida no es un cuadro de ajedrez en blanco y negro es sobre todo un camino de grises. El color puso en la fotografía un elemento más para pintar la apariencia y la falsedad. Blanco y negro o tal vez *Gato negro, gato blanco*, como la excelente película de Emir Kusturica.

Cuántas fotografías tiene una vida o mejor dicho cuántas vidas tiene una fotografía. Ahora podemos irnos a volver de otra esquina de la fotografía para escuchar al grupo The Kinks interpretar *Album de fotos*.

Venimos de la fotografía, nos cruzamos con un gato negro y un gato blanco en el camino. Nos cruzamos también con falsedades y apariencias. Vamos y venimos de la poesía, de la música, del cine, de la literatura. Seguimos buscando fotografías. La fotografía puede ser poesía. La poesía puede ser a veces una fotografía. También hay fotografías imaginarias. Hay poesía imaginaria. Hay un mundo imaginario en la poesía de Nicanor Parra, quien dice en *El Hombre Imaginario: Sombras imaginarias / vienen por el camino imaginario / entonando canciones imaginarias / a la muerte del sol imaginario*.

El escritor puede volar cuando escribe, sentir un éxtasis profundo a veces inexplicable. La poesía o la narrativa pueden ser fotografías de ese éxtasis personal, íntimo, solitario, que un día se traslada al lector...

❋❋❋
Tristeza

Los sentimientos y los estados de ánimo de las personas, dependen de los momentos, dependen de los sucesos de sus vidas. La tristeza, por ejemplo, puede ser un momento, puede ser algunos momentos o puede ser para siempre. La tristeza puede ser un lugar, puede ser una mirada, un recuerdo, un olvido, una fotografía. La tristeza es parte de la vida. Hay quienes viajan por el mundo con la tristeza a cuestas. Las personas pueden tener una o muchas tristezas. Hay momentos que uno puede asumir al mundo como parte de la tristeza. Hay quienes se asumen como tristes, casi-casi por naturaleza. Hay quienes huyen de la tristeza o intentan huir. En todo caso ahora en este largo viaje, corto viaje, entre música y poesía caminamos también por algunos mundos de la tristeza y tal vez de alguna alegría... Empiezo escuchando un poema de Juan Gelman que dice en una parte así: *...estoy alegre compañero, le digo, cuello arriba y cuello abajo río, qué es no sé, me levanté tan simple como siempre y tan juan como suelo entré a la calle, salud, ciudad, le dije, le acaricié la mañana de paso, fui hasta el hombre más triste y le di un sueño, compañero qué me pasa, me río y qué es no sé, tengo un tumulto de violines vivos, me nace un pájaro en la boca... Me río. Estoy alegre. Y qué es no sé.*

Después de escuchar una poesía de Gelman, hay que escuchar un tango. Juan era una tanguero, era un triste por tanta cosa que le había pasado en su vida. Pero era un tanquero desde siempre. Entonces qué mejor que irnos a volver para escuchar al Polaco Goyeneche interpretar *Milonga Triste*.

El Polaco era uno de esos que le cantaban a la tristeza, a la nostalgia, a la vida. Para recordar su canto también le cantaron a él, a su voz inconfundible. Entonces tal vez sea el momento adecuado para escuchar *Garganta con Arena* en la voz de Adriana Varela.

La tristeza puede ser gitana, el tango puede ser gitano. La música, como la poesía, como la tristeza, como la alegría, puede ser de todos y traspasar las fronteras, asumir todos los ritmos todas las culturas. Entonces el mundo, aunque sea por un momento se enriquece. Entonces podemos escuchar a Diego El Cigala, con una particular versión de *Garganta con arena*.

A veces en medio del viaje, en medio de la tristeza, se puede reír llorando. A veces la risa es una máscara de la tristeza. El dramaturgo y actor inglés David Garrick, creó más de cuarenta obras diversas. Interpretó casi todos los personajes de Shakespeare. Pero sobre todo, en su creación, como dramaturgo y como actor, utilizó el humor, la ironía, la farsa como forma de criticar la realidad a través de la comedia, la sátira. Se dice que es el único actor que hace reír a un triste. Sin embargo Garrick lleva una tristeza a cuestas. Hay un poema de Juan de Dios Peza que se hizo canción, que se titula *Reír Llorando* y cuenta la historia del teatrero.

❊ ❊ ❊
El violín de Ara Malikian

El pueblo armenio sufrió una de las grandes masacres de la historia, de las tantas masacres en la historia del mundo, de las tantas páginas del libro de la infamia. El pueblo Libanés sufrió una guerra brutal de años. Hay un genial violinista libanés de origen armenio que une culturas a través de la música. Más allá de la tristeza de sus antepasados el violinista Ara Malikian logra unir culturas a través de la música, a través del círculo del tiempo. Entonces puede interpretar genialmente a Paganini y de ahí pasar a Jimy Hendrix, y luego pasar por la música de Mozart y de ahí a su música. *Pisando Flores*, es una creación del propio Malikian que debemos escuchar.

Ahora los caminos del violín y la poesía se cruzan en mi viaje y aparece *La Tarara*, canción basada en las recopilaciones de Federico García Lorca. Entonces podemos escuchar el violín de Ara Malikian y la guitarra de José Luis Montón en una introducción magistral y finalmente la voz de María Barasarte. Es una música que hay que sentarse con un café a escucharla, y volar más acá de la tristeza, más acá de la alegría...

✿✿✿
La violencia

Seguimos el viaje tratando de descifrar los lugares de la tristeza. Pero la tristeza también puede surgir de la violencia y la violencia también puede surgir de la tristeza. La violencia tiene muchas caras, muchas historias, muchas miradas. La violencia que estamos acostumbrados ver, es aquella que nos presentan los grandes medios de comunicación. Una violencia enlatada, a veces maquillada dependiendo de quién produce la violencia. Los grandes medios de comunicación no ayudan a terminar con la violencia, en realidad son los que más fomentan la violencia, el consumismo. Ayudan a construir un mundo triste.

Pero ¿cómo interpretar la violencia desde una canción? Los uruguayos Tabaré y Yamandú Cardozo crearon una canción para a murga *Agarrate Catalina* que intenta mostrar el significado de la violencia, atravesada por una vida de dolores y miserias. Es una canción muy dura, pero vale la pena escucharla... Se titula *La vio-*

lencia y en una parte dice así: *...Mi vida es un infierno, mi padre es chorro, mi madre es puta / Vos me mandás la yuta y yo te mando para el cajón / Yo soy el error de la sociedad / Soy el plan perfecto que ha salido mal / Vengo del basurero que este sistema dejó al costado / Las leyes del mercado me convirtieron en funcional...*

❖❖❖
Niebla

La violencia es un reflejo más del naufragio. La humanidad ha naufragado en todos los mares, los océanos, hasta en los ríos, incluso en los riachuelos y lagunas. Las nubes, la niebla, la neblina a veces son parte de ese naufragio. Como la *Niebla del Riachuelo*, un gran tango que ahora podemos escuchar en la versión del polaco Goyeneche.

¡Que tango! Qué letra de ese maestro que fue Enrique Cadicamo! Qué música de Juan Carlos Cobián. Es bueno conocer la versión de Bebo Valdez y Diego El Cigala. Genial. Tal vez una muestra más de que la música, la poesía, el arte, muchas veces superan los naufragios, superan la globalización del dinero y nos hacen universales, hacen de la humanidad un camino común.

Ahora, a propósito de nubes, de locos que saltan las nubes y las dejan atrás, vuelvo a Montevideo por un momento, para escuchar aquel viejo que cantaba tangos frente a la Playa Ramírez, intentando superar la niebla como tantos otros... Tiene un amplio repertorio, pero cuando llega a *La Cumparsita*, solo la silba. Dice que ese tango no es para ser cantado, que cantarlo es un *"sacrilegio"*. Que la vida es un tango, pero hay que respetar sus códigos siempre y en cualquier viaje...

❖❖❖
Ítaca

Venimos de un camino sin camino y tal vez no llegamos a ninguna parte. Nos fuimos a volver de la novela del mundo entre alegrías y tristezas, encuentros y desencuentros, guerra y paz, el dinero y la pobreza, el campo y la ciudad, utopías y apariencias, muros y centros comerciales, entre la simulación y la dignidad, entre monstruos y poetas, héroes y tumbas, jugadores y asesinos, entre mares y lunas, soledades y sueños, olvidos y memorias, puentes y cavernas, derrotas y resistencias, música y palabras, Dios y el diablo, el naufragio y la esperanza, el peón y el rey, realidad y ficción, entre la vida y la muerte.

No es el cambalache contado por Discépolo, es el camino. Diverso, intrincado, culebrero, que va a todos lados y a ningún lugar. A veces parece que no hay camino, pero lo hay. Hubo un camino que iba a una isla. Un viaje de sorpresas y aprendizajes. La vida es el viaje. El viaje es lo que se vive. El mundo vive su viaje.. Tal vez la cultura sea la Ítaca del mundo actual. La literatura, el cine, la historia, la música, dan sentido al viaje. La cultura salva al mundo de si mismo.

Pero, ¿dónde queda la Ítaca de cada uno? Tal vez caminemos a una Ítaca sin retorno. Pero el viaje no terminan acá. El tiempo es circular. El pasado está delante, el futuro espera atrás. Los ciclos se repiten en el tiempo, vivimos un avance perpetuo hacia el comienzo, hacia la semilla. Entonces, me voy a volver para seguir mi viaje. Ítaca nos salva, *Las mil y una noches* nos salvan...

Índice

Las mil y una noches / 5
Atrapasueños / 8
Sueños rotos / 9
Alepo / 10
Encantamiento musical / 10
Solo eso... / 11
Hoja de otoño / 11
El Gatopardo / 12
El ser humano / 12
Espantapájaro / 13
What A Wonderful World / 14
Trombone Blues / 15
Vidas Negras... / 16
Django / 17
Whitman / 19
Vietnam / 20
Martin Luther King / 21
Ánima de la paz / 22
Macondo / 23
Camilo / 25
El caracol / 26
Mohana / 27
Biblia de pobres / 28
Guerrilla vallenata / 28
Caverna sin salida / 30
Caverna propia / 31

Vasija de barro / 32
El *Bolero* de Ravel / 33
Caverna comercial / 34
Un laberinto en la caverna / 34
Delirio en la caverna / 35
Muerte en la caverna / 36
Caverna de simulación / 38
A felicidade do Brasil / 38
Felicidad Infinita / 39
Milagro de felicidad / 40
Felicidad vital / 41
Felicidad clandestina / 42
¿Felicidad de Dios? / 43
Felicidad en el callejón / 44
Felicidad caminamundos / 45
Felicidad en construcción / 45
Felicidad de elites / 46
El llanero / 47
Míster Danger / 48
Aguaitacaminos / 49
Ifigenia / 50
Chávez / 51
Sigamos juntos / 54
Viaje al origen / 55
Plegaria a un labrador / 56
Viaje a la semilla / 57
Viaje a la agricultura / 58
La canción siembra / 61

Hiroshima mon amour / 63
Ciudades de la furia / 65
Fervor de Buenos Aires / 66
Metáforas de Woody Allen / 69
La Aurora / 70
Ciudad en el lodo / 71
Ciudad-cárcel / 72
El oro de la muerte / 73
Ironías de Dios, ¿o del diablo? / 74
Ciudad de lobos / 75
Montevideo era verde / 77
Adiós muchachos / 78
Al otro lado del río / 79
Poetas y quijotes / 80
Papeles en el bosque / 81
Quemar las naves / 82
Rocinante / 83
Un café para el Quijote / 84
Hombre nuevo / 85
Lo que es y lo que debería ser / 86
Refranes / 87
Dulcinea / 88
Mercaderes del templo / 89
Cusubamba / 90
Burritos / 91
Vendedores de sueños / 92
La guerra del opio / 94
El jardinero fiel / 96

Maíz / 96

De Octavio Paz a Emiliano Zapata / 98

De un poeta a su hija / 99

Sonrisa / 100

Pessoa / 101

Respuestas / 103

Ujamaa / 104

Chinua Achebe / 105

El novelista y el poeta / 106

Pájaros / 107

¿Y ahora José? / 108

Lua branca, luna roja / 108

Claro de luna / 109

Silencios / 110

Reflejo de luna / 110

Pájaros bajo la luna / 111

Fidelidades / 111

Momento único / 114

Momento de libertad / 115

Momento de bibliotecas / 116

Momento en Lisboa / 117

Momento de lágrimas / 118

Metamorfosis de un momento / 119

Momento para redoblar / 119

Promesas electorales / 120

El Candidato / 121

Tiempos modernos / 122

Bertolt Brecht / 124

Metrópolis / 125
Don Dinero / 126
Estatuas / 127
Síntesis / 128
Utopías apocalípticas / 129
Imperio / 130
Consumo gusto / 131
Muros con Trampas / 132
Muros en Palestina / 133
Muros en el Sahara / 134
Muros de lágrimas / 135
Muro en la frontera / 136
Muro que cae / 137
Naufragio / 138
Comuna / 139
Cansancio / 139
Kafka / 140
Drácula / 141
Frankenstein / 142
El Viejo / 143
Casablanca / 144
La Marsellesa / 145
Espectadores de la soledad / 146
La soledad de Macbeth / 146
Candombe de soledades / 147
La soledad de Joaquín / 148
La soledad de un piano / 148
Un rumor en el viento / 150

Otra voz canta / 151
Revolución Rusa / 152
Por montañas y praderas / 152
Lenin / 153
La Maknochina / 155
La Filadelfia Real / 156
El libro de la infamia / 157
Casas de papel / 158
Ajedrez / 160
Estratega / 161
Al viento / 161
Al alba / 162
En blanco y negro / 163
Apariencias / 164
Imágenes de la tristeza / 165
Poesía imaginaria / 166
Tristeza / 167
El violín de Ara Malikian / 168
La violencia / 169
Niebla / 170
Ítaca / 171

Se terminó de imprimir
en Junio del 2023
en V&M GRAFICAS
Quito - Ecuador